本书系新疆师范大学2023年度智库招标课题（ZK202312B）研究成果。

中国方案

中亚利益共同体的"中国方案"

孙静　徐杰　孙丽罕◎著

光明日报出版社

图书在版编目（CIP）数据

中亚利益共同体的"中国方案" / 孙静，徐杰，孙丽罕著 . -- 北京：光明日报出版社，2024.7. -- ISBN 978 - 7 - 5194 - 8093 - 6

Ⅰ. D81

中国国家版本馆 CIP 数据核字第 20244AL172 号

中亚利益共同体的"中国方案"

ZHONGYA LIYI GONGTONGTI DE "ZHONGGUO FANGAN"

著　者：孙　静　徐　杰　孙丽罕

责任编辑：李　倩　　　　　　　责任校对：李壬杰　李佳莹
封面设计：中联华文　　　　　　责任印制：曹　诤

出版发行：光明日报出版社
地　　址：北京市西城区永安路 106 号，100050
电　　话：010-63169890（咨询），010-63131930（邮购）
传　　真：010-63131930
网　　址：http://book.gmw.cn
E - mail：gmrbcbs@gmw.cn
法律顾问：北京市兰台律师事务所龚柳方律师

印　　刷：三河市华东印刷有限公司
装　　订：三河市华东印刷有限公司
本书如有破损、缺页、装订错误，请与本社联系调换，电话：010-63131930

开　　本：170mm×240mm
字　　数：191 千字　　　　　　印　　张：13.5
版　　次：2025 年 1 月第 1 版　　印　　次：2025 年 1 月第 1 次印刷
书　　号：ISBN 978 - 7 - 5194 - 8093 - 6

定　　价：85.00 元

序

进入 21 世纪后，随着中国综合国力的不断提升，关于中国和平崛起的声音不断响起。十八大报告明确地宣告，中国将始终不渝地走和平发展的道路，这既是中国未来发展的战略选择，也是中国对外战略的郑重承诺。对于如何实现和平发展，郑必坚教授曾指出，中国现代化的实现要坚持和平崛起，并全方位地与各方逐步构建"利益汇合点"和"利益共同体"。利益共同体就是"要把中国人民利益的汇合点，同一切相关国家和地区建立并发展不同领域、不同层次、不同内涵的利益共同体，推动实现中国和世界各国的共同和平发展"。对此，笔者深感认同，并努力结合自己的研究方向，力图从理论与现实层面将相关研究进一步推进。2016 年，本选题敲定，并大量搜集相关资料进行初步论证。然而，由于工作调动等原因，该选题一直未有太多进展，辗转 4 年有余。正所谓"逆水行舟，不进则退"，科学研究亦是如此。还好，身边有一帮"狐朋狗友"，不断地刺激和激励，让我重拾信心，继续前进。4 年时间不长，但对科学研究而言不短，一系列相关研究成果不断涌现，也为本选题提供了诸多可借鉴的研究成果。特别是人类命运共同体理念已经深入人心，成为国内外政界、学术界热议并进行深入讨论、研究的议题，进而也为本选题深入研究提供了进路。

一、构建广泛的利益共同体是中华民族伟大复兴的必由之路

21 世纪必将是国际风云变幻的世纪，是人类社会寻求新的发展之路的世纪。

目前，人类社会已经处于发展的十字路口，人类社会该向哪里去？怎么去？这是人类社会共同面临的一个现实问题。人类命运共同体理念的提出，为人类社会未来发展带来了中国方案。可以说，人类命运共同体理念的提出掀开了新世纪人类社会发展史上具有里程碑意义的一页。然而，人类命运共同体理念的形成及人类命运共同体的构建并非一蹴而就，是一个不断建构的历史过程、现实过程，必然要经历诸多历史发展过程。从人类社会自然发展逻辑来看，共同利益是各方能够摒弃各自私利，走在一起的决定性因素。对此，无论是西方古代先贤还是中国先哲，或是现代国际关系学者都不否认这一基本原则。当然，并不是具有共同利益就一定都能够走在一起，没有共同利益就无法结成良好关系，只是从社会发展的规律来看，具有共同利益的群体更容易成为一个团结互助的集体。

利益共同体是近年来中国在国际社会中提出的一个非常重要且极具重大价值的外交理念，旨在把世界各国人民的共同利益结合起来，全方位地扩大同各方利益的汇合点，从而推动形成全人类的利益共同体。可以说，共同利益是双方或各方能够形成共同意识、共同意志的现实基础。综观当今国际社会出现的大小不同、形态不一的各种政治、经济、文化、军事等各领域共同体，共同利益无疑是最核心的要素。当然，在人类社会发展的历史长河中，拥有共同利益却无法善终的共同体也比比皆是。究其原因，既与政治领导力的无为、守成有关，也是综合国力的衰退使然。当前，中国作为世界第二大经济体，无论是经济实力还是综合国力都是百年来最强盛的时刻，中国对外政策也由韬光养晦转变为奋发有为，政治领导力空前。这不仅为中国与中亚国家构建利益共同体提供了坚实的政治基础，也为双方构建利益共同体提供了强大的经济基础和思想基础。2018年，习近平主席曾发表题为"登高望远，牢牢把握世界经济正确方向"的署名文章，指出，"各国相互协作、优势互补是生产力发展的客观要求，也代表着生产关系演变的前进方向。在这一进程中，各国逐渐形成利益共同体、责任共同体、命运共同体"。责任共同体是与利益共同体紧密相关的一个外交理念，旨在通过共同责任担当，使共同利益获利主体不仅享受获利，更要共同承担责任，形成共同利益与共同责任相辅相成的、权利与义务相互匹配的、权责利共享的、同呼吸共命运的共同体。

全球化以来，人类社会交往不断加深，经济上的相互依存让诸多国家成为不可分割的利益共同体，形成一荣俱荣、一损俱损的利益共同体状态。俄乌冲突一年有余，欧盟各国由于资源禀赋以及对俄所形成的能源依赖等的不同，对待俄乌冲突的态度也存在较大差异，进而对欧盟制裁俄罗斯能源等问题存在不同意见。但是，作为一个利益共同体，欧盟各国能基本秉持共同的对俄政策。可见，欧盟国家间的共同利益已然使该组织具备了利益共同体的属性，并且逐步迈向责任共同体的方向发展。当然，并非只有类似的多边组织才具有构建利益共同体的可能，双边关系的融洽发展实质上更容易构建利益共同体。中国作为世界第二大经济体，经济利益已经遍布世界各个角落，与世界各国建立了良好的经济关系。同时，中国作为世界大国，被视为现有西方体系的挑战者，美西对中国的遏制已经从部分高尖端领域延伸至各个领域，已到不惜"杀敌一千自损八百"的地步。因此，如何实现中国和平崛起已到了刻不容缓的阶段。随着"一带一路"倡议的深入推进，虽然中国与"一带一路"沿线国家经贸往来日益密切，但尚未形成密切的利益共同体的态势，只有不断加强与相关国家的往来，中国才能在美西围堵中突出重围。

中亚地区作为中国构建利益共同体东进西出、南上北下的一个重要区域，在中国周边外交中占据非常重要的地位。从古丝绸之路的辉煌到上海合作组织的全面发展，中国与中亚国家的友好往来已经成为新时期多边合作的国际典范。2013 年，习近平主席出访哈萨克斯坦首次提出了丝绸之路经济带倡议，得到了哈方及中亚各国的积极响应。近几年，中国与中亚国家先后达成打造"互利共赢的中哈利益共同体""合作共赢的中土利益共同体""平等互利、安危与共、合作共赢的中乌利益共同体""中塔发展共同体和安全共同体"和"中吉携手共建人类命运共同体"的发展理念。然而，对于如何推进这些理念的形成与发展，或许这是未来一个时期中国与中亚国家共同面临的问题。新时期，由于中国的飞速发展，美西方已经深深感受到中国飞速发展所带来的巨大压力，美西方在诸多领域开始打压中国，这种打压排挤已经从背后出手到明火执仗，并且在诸多领域开始要求世界各国选边站队。尽管中国与中亚国家在诸多领域都有着广泛的利益汇合点，但由于美西方在中亚地区依然拥有强大的影响力以及颠覆能力，势必为中亚各方所忌惮。因此，新时期聚合中国与中亚国家的利益汇合点，深化双方的利益共识，强化各方责任担当就成为未来一个时期双方关系发展的重中之重。如何加强中国与中亚国家的利益汇合点？如何深化双方的利益共识，并承担相应的国际责任？是本文要着重回答的一些问题。虽然相关问题及相关答案已在诸多学者的研究成果中得到一定程度的呈现，但本研究还是期望能够站在前人的肩膀上更进一步，或至少能够对相关问题及其解决方案做一个总结与梳理。

二、主要内容和观点

当前，合作共赢日益成为国际社会的广泛共识。人类面临着诸多传统和非传统的安全问题以及传统安全与非传统安全相互交织的一些问题，需要国际社会一起努力共克难关。特别是在以美国为首的西方自由民主价值及全球治理理念日渐式微的状况下，国际社会越发需要"中国方案"来解决当前"十字路口"的选择困境。

中国与中亚国家构筑利益共同体对构筑不同文化制度间的利益共同体具有重要的战略示范作用、对构筑周边国家利益共同体具有重要的引领作用、对构筑亚欧非国家利益共同体具有重要的战略枢纽作用。中国与中亚国家有诸多利益交汇点，对于构筑中国与中亚国家利益共同体有着先决条件。目前，中亚已成为美俄博弈的一个重要区域，中国与中亚国家有着共同维护中亚地缘政治平衡的需要。随着全球宗教复兴，中亚地区宗教极端主义、暴力恐怖主义和分裂主义乘机兴风作浪，试图作乱中亚与中国新疆地区。中亚地区"三股势力"已呈现国际化、聚合化和年轻化趋势，严重影响地区社会健康发展，中国与中亚国家已形成共同打击地区"三股势力"的共识。在能源领域，中国与中亚国家具有能源供给多元化的现实需求：中国经济飞速发展需要把中亚作为中国能源进口来源多元化的新通道，能源出口多元化也是中亚国家一直以来的战略目标。与此同时，中国与中亚国家构筑利益共同体也有着现实的基础。中国与中亚国家构筑利益共同体的政治基础主要体现为良好的政治互信、国家高层互动频繁及在国际社会中相互支持。上海合作组织作为中国与中亚国家构筑利益共同体的安全基础，是双方国家边界安全的保证、非传统安全防线，"上海精神"——中国与中亚国家构筑安全利益共同体的灵魂。中国与中亚国家构筑利益共同体的经济基础主要体现为良好的双边经济合作、成熟的多边经济合作机制，以及中国与中亚国家互为重要的经贸伙伴。中亚—中国能源管道建设与运行不仅能够推动中国与中亚国家政治关系更加友好、经济纽带更加牢固、安全合作更加深化，而且能够推动双方人文联系更加紧密。2013 年，习近平主席提出打造中哈互利共赢的利益共同体之后，又先后提出打造中土合作共赢的利益共同体，平等互利、安危与共、合作共赢的中乌利益共同体，中塔发展共同体和安全共同体以及中吉携手共建人类命运共同体。

尽管中国与中亚国家构筑利益共同体有着诸多天然优势，但在构筑互利共赢的利益共同体方面也面临着一些现实问题：一是构建利益共同体需要培养共同责任意识及身份认同。二是中亚国家参与的地区经济合作组织与机制一定程度上影响了中国与中亚国家利益共同体的身份认同与建构，而"新丝绸之路"计划则会成为中国与中亚国家构建利益共同体的搅局者。三是"三股势力"对中国与中亚国家构筑利益共同体的民众基础、社会基础、组织保障与建设基础的威胁。另外，"三股势力"势必成为外部势力介入地区事务的一枚棋子。因此，打造中国与中亚国家互利共赢的利益共同体，首先要通过共商、共建、共享"丝绸之路经济带"倡议红利，以中国与中亚"五通"实现利益共融，培养共同责任意识及身份认同。加强同俄罗斯在中亚地区多边框架下的协调与合作，实现"丝绸之路经济带"倡议与欧亚经济联盟的融合发展，加强上合组织与集体安全条约组织在地区安全方面的协调与配合。积极努力与地区其他国际合作机制进行沟通与协调，努力实现亚洲基础设施投资银行与其他多边金融机构的协调发展，持续推进基础设施、生态环境等领域的合作，加强地区公共卫生安全合作，支持并完善多方位"5+1"机制性产品等更广泛的地区公共产品，并进一步深化中国与中亚国家文化部门的合作，全力推动中国与中亚国家开展文化交流活动，推进地区媒体和高等院校的合作与交流。

建交30年来，中国与中亚国家高层往来密切、安全合作不断深入、经贸关系不断攀升、能源供需相互依存不断加深。可以说，中国与中亚国家在政治、安全、经贸、能源等领域的深入合作，已经为双方构建利益共同体奠定了坚实的基础。然而，仅有共同利益并不能让双方成为一个团结互助、责任共担、命运与共的共同体。因霸权主义、强权政治横行，这个世界依然不太平，广大发展中国家依然有被霸凌、政府被颠覆的风险，寻求国家安全保护、政治庇护是这些中小国家不得不面对的问题。常言道：风险与机遇并存，化风险为机遇，无风险、矛盾、冲突，也就没有合作的动力。因此，要实现中华民族伟大复兴的重任，就必须以不怕事的态度来迎接各种挑战。正所谓"夫国大而政小者，国从其政；国小而政大者，国益大。大而不为者，复小；强而不理者，复弱；众而不理者，复寡"。在中国与中亚国家构建利益共同体的过程中，中国需以更加奋发有为的姿态通过"丝绸之路经济带"倡议培养共同的责任意识和身份认同，加强同俄罗斯在该地区多边框架下的协调与合作，以确保地区国家安全和政治安全，并积极努力与地区其他国际合作机制进行沟通与协调实现地区国家经济社会平稳发展，并为该地区提供更广泛的公共产品，以实现在该区域传统领域合作之外的其他领域的全覆盖，使中国与中亚国家间的合作不仅领域广、内容宽、质量佳，而且能够真正成为利益共享、责任共担、命运与共的共同体。

本书的出版得到了各位评审专家及光明日报出版社各位同人的大力支持，

各位在本书编辑出版过程中所做的所有工作,在此表示特别感谢。

特别感谢家人、朋友一直以来的大力支持、无私奉献!另外,对在本书写作过程中参引相关文献的作者也深表谢意。

孙静 徐杰

2023 年 9 月于颐景庭苑

目 录
CONTENTS

导 论 ……………………………………………………………………… 1

一、选题缘由及其研究意义 …………………………………………… 1

二、国内外研究现状及述评 …………………………………………… 2

三、本书基本结构、研究方法及重难点 ……………………………… 8

第一章 中国与中亚国家构筑利益共同体的战略背景及意义 ………… 12

一、利益共同体的战略内涵及发展走向 ……………………………… 12

二、中国与中亚国家构筑利益共同体的战略背景 …………………… 27

三、构筑中国与中亚国家利益共同体的战略价值 …………………… 35

第二章 中国与中亚国家的利益交汇点 ………………………………… 39

一、中国与中亚国家有着共同的地缘政治需求 ……………………… 39

二、中亚地区"三股势力"是中国与中亚国家的共同打击目标 …… 47

三、中国与中亚国家具有能源供给多元化现实需求 ………………… 57

四、中国与中亚国家经贸领域有着共同的发展需求 ………………… 63

第三章　中国与中亚国家构筑利益共同体的现实基础 ················ 70

一、中国与中亚国家政治互信密切往来是构筑利益共同体的政治基础 ······ 70

二、上海合作组织是中国与中亚国家构筑利益共同体的安全基础 ········· 77

三、中国与中亚良好经贸往来是构筑利益共同体的经济基础 ············· 85

四、地缘相近和相同的国家属性是构筑利益共同体的地缘基础

　　和价值基础 ··· 92

五、中亚—中国能源管道是构筑中国与中亚国家利益共同体

　　的能源基础 ·· 100

第四章　打造中国与中亚国家互利共赢的利益共同体 ··············· 108

一、打造互利共赢的中哈利益共同体 ······························· 108

二、打造合作共赢的中土利益共同体 ······························· 114

三、打造平等互利、安危与共、合作共赢的中乌利益共同体 ··········· 118

四、打造中塔发展共同体和安全共同体 ····························· 123

五、中吉携手共建人类命运共同体 ································· 126

第五章　中国与中亚国家构建利益共同体面临的问题 ··············· 130

一、地区"三股势力"的威胁 ··································· 130

二、中亚国家参与的地区经济合作组织与机制的影响 ··············· 136

三、中国与中亚国家构建利益共同体需要培养共同身份认同

　　与责任意识 ·· 144

第六章　中国与中亚国家构筑利益共同体的策略与建议 ··············· 149

一、通过"丝绸之路经济带"倡议培养共同的责任意识及身份认同 ······ 149

二、加强同俄罗斯在中亚地区多边框架下的协调与合作 ············ 159

三、积极努力与地区其他国际合作机制进行沟通与协调 ········· 166

四、提供更为广泛的地区公共产品 ···················· 171

五、进一步加强地区间的文化交流 ···················· 174

结 语 ·· 180

参考文献 ·· 183

导　论

一、选题缘由及其研究意义

（一）选题缘由

利益共同体是近年来中国在国际社会中提出的一个非常重要且具极大价值的外交理念，旨在把世界各国人民的共同利益结合起来，全方位地扩大同各方利益的汇合点，从而推动形成实现全人类共同利益的共同体。在推进中国与世界各国构筑利益共同体的进程中，以中国与中亚国家构筑利益共同体为研究内容，对于深入推进中国与中亚国家构筑利益共同体进程有着极为重要的理论意义和现实意义。

本选题的研究对象是利益共同体，即构筑中国与中亚国家间的利益共同体。中亚是中国西部周边最重要的一组双边与多边关系，是中国周边安全战略最重要也最易推进的一个战略环节，该区域利益共同体的有效推进对中国其他周边利益共同体的推进具有良好的示范效应。中国与中亚国家构筑利益共同体的特殊性在于中国与中亚国家有着良好的政治、经济、安全的合作基础，其重要性体现为与中亚国家构筑利益共同体对丝绸之路经济带倡议向纵深推进有着至关重要的作用。

（二）研究意义

中国与中亚国家的关系是我国与周边国家关系中重要的一环，构筑与中亚国家的利益共同体对推动中国与世界各国构筑利益共同体有着至关重要的作用。理论上，中国与中亚国家构筑利益共同体研究有助于推动国内学界对国家利益问题的研究，有利于实现中国国家利益与世界各国利益的互动关系研究，有助于深化中国国家利益与世界各国利益互动机制研究，有助于进一步深化马克思主义中国化的"利益共同体"价值理念。实践上，有助于推动构筑利益共同体、责任共同体和命运共同体形成，并将其作为新时期中国对外战略的重大方针政策进行研究，有助于提升当前我国文化软实力；基于当前以美国为首的西方世界占据着国际话语高地，有助于回应当前西方国际话语体系，让世界各国再次领略社会主义制度的优越性，让外部世界对中国未来发展方向有一个进一步深入了解的机会；在当前东部及南海周边安全不稳的形势下，构筑与中亚国家利益共同体的现实意义极为迫切，有助于实现我国西部边疆的安全与稳定。

二、国内外研究现状及述评

（一）国内外研究现状

通过对国内外相关研究的学术史进行梳理及研究和动态追踪，国内外关于中国与中亚问题的研究基本始于冷战结束时期。这期间关于中国与中亚问题的研究基本可以划分为三个阶段：1991 年至 2001 年，中国与中亚问题研究的起步阶段；2001 年至 2012 年，中国与中亚问题研究的发展阶段；2013 年至今，中国与中亚问题研究的全面上升阶段。

第一，在起步阶段，国内外学界主要是对中亚国家的一些基本情况及中国与中亚如何发展双边关系展开研究。

关于中亚介绍性的主要研究成果。主要成果有：哈斯木·霍加主编《哈萨克斯坦概况》（1992 版）、王沛主编《中亚四国概况》（1993 版）、安维华著《新形势下的中亚研究》（1993 版）、汉布里主编《中亚史纲要（汉译本）》（1994 版）、孟淑贤主编《中亚各国概况》（1997 版）、土治来《中亚国际关系史》（1997 版）、赵常庆主编《中亚五国概况》（1999 版）、马大正等主编《中亚五国史纲》（2000 版）等，这些著作曾是了解研究中亚问题的案头必备之作。

最早呈现在中国读者面前的中国与中亚国家关系的研究成果。关于中国与中亚国家关系的研究成果有：邢广程著《中国和新独立的中亚国家关系》（1996 版），作者主要从政治、经济和安全三个领域对中国与中亚国家关系进行阐述，在政治领域，主要是中亚国家如何认识、看待、确定中国台湾问题和如何认识、看待中国国内存在的民族分裂主义势力问题；在经济领域，要进一步发展中国与中亚国家能源合作；在安全领域，着重关注中国与中亚国家联合打击地区宗教极端主义、暴力恐怖主义和民族分裂主义。孙壮志著《中亚五国对外关系》（1999 版），对中亚国家发展与中国关系的现实意义和战略意义进行详尽阐述，并指出中亚国家与中国关系发展所具有的独特地缘、历史和现实状况，中亚在中国对外关系中处在重要的地位。此外，倪国良《向西开放——中国西北地区与中亚五国关系研究》（1995 版）、吴福环等主编《中国与中亚研究文集》（1997 版）、薛君度等主编《中国与中亚》（1998 版）等著作都从不同侧面对相关问题进行了阐述。

关于中国与中亚国家双边关系的发展。政治上，顾关福认为，中国与中亚国家建立外交关系、发展睦邻友好、确立政治互信、国际上彼此协调以及相互支持是双方合作、发展、强化双边关系的基础。И. В. Следзевский（1998）认为，后苏联时代，随着俄罗斯在独联体框架下与中亚国家完成和平"离婚"协议之后，中亚国家在寻求俄罗斯庇护的同时，中国也成为中亚国家积极寻求的盟友与靠山。经济上，顾关福认为，彼此都有加紧发展关系的愿望和需要，经济互补性较大且可合作领域很多，良好的地缘政治优势为彼此关系发展提供了优越的条件。孙壮志、王海燕等认为，中亚对于中国经济的持续发展相当重要，要充分发挥地缘优势和人文优势以及经济技术互补性强的特点，牢固占据巨大市场潜力，发挥中国的区位优势。安全上，邢广程（1998）、李辉（2000）等学者认为，中国与中亚国家共同维护边界安全，达成边界地区军事互信。总体来看，这一阶段前半段政治上互信与国际社会中相互支持，经济上加强经济合作，安全上保持边界军事互信与安全；后半段加强政治经济合作的同时，将打击"三股势力"纳入双方合作范畴。

第二，在发展阶段，国内外学术界研究主要涵盖安全、经济、金融、能源合作等领域。

在中亚政治和安全领域，大国博弈是基本态势。杨恕（2006）认为，"9·11"之后，美军进驻中亚打破了中亚地区原有的地缘政治结构，改变了地区力量对比，对中国的西部安全环境产生了重大影响。赵常庆（2007）认为，在中亚大国博弈进程中，中国进入中亚地区应明确中国国家利益，并对中国国家利益有所区分，如一般利益、战略利益，要正确运用与中亚国家的利益契合点，全力维护中国在中亚地区的战略利益。O. B. Боронин（2002）认为，随着俄罗斯在政治、意识形态及经济上部分撤出中亚，世界大国纷纷介入中亚，中国在该地区的影响力不断提升，这已成为中亚地区事务的重要影响因素。日本学者川户哲夫（2006）认为，中国在中亚的首要利益是确立地区的大国地位，并努力发展与中亚国家的友好关系，以此抗衡美国。同时，努力消除来自中亚地区对中国新疆的安全威胁。苏畅（2011）认为，中亚地区的宗教极端主义对社会、经济、政治、民族、宗教和文化等领域的全方位渗透是中亚地区最突出的特性，这成为中亚国家内外政策调整的一大影响因素，也是地区大国博弈的一个变量因素。

在能源领域，应努力加强与中亚地区国家的能源合作。王海运（2008）认为，经济合作作为上海合作组织的一个重要驱动力，持续保持经济合作动能必须加强能源合作，能源合作将是推动上海合作组织经济合作的一个层面，建立中国与中亚国家能源俱乐部是深化上海合作组织能源合作的有效路径。哈萨克斯坦总统战略研究所 M. Ашимбаева и 和 Г. Чуфрина 指出，上海合作组织作为地区安全与发展的有效机制，它有能力保护地区能源体系和能源安全，因而应加强沟通制订能源安全保障方案与长效机制。M. A. Cambridge（2003）认为，中国在中亚的利益需求主要体现为石油天然气及地区矿产资源。川户哲夫认为，中国在中亚的政策另一大目标是获取地区的自然资源等。陈玉荣（2004）认为，中国与中亚国家双边及多边合作重点应以能源合作为重，交通运输则是中国与中亚国家互利的优先方向。潘志平（2010）认为，起点位于土库曼斯坦的中亚—中国天然气管道的建设与开通，将改变中亚的地缘政治格局。

金融领域合作是中国与中亚国家未来合作的重点领域。赵常庆（2009）认为，上合组织应通过与亚洲开发银行发展关系，拓展除在交通、能源和贸易领域之外的合作，把人力发展、农业、环境和旅游作为第二层次的合作内容。朱显平（2010）认为，金融合作作为上合组织经济合作的重要领域，要全力开拓银行业务和完善银行功能的金融合作。同时，努力开展以相关金融组织和机制创新为内容的金融合作。

在交通领域，应当加强基础设施领域的建设。Х. Абдулла（2004）认为，中亚国家经济增长乏力的重要原因在于地理位置及交通基础设施较为薄弱，上合组织应当在建设、改建和发展交通运输系统、交通运输基础设施项目等方面进行合作。

在法律方面，加强中亚国家法律体系、规章制度的研究。苏磊（2003）通过对中亚地区国家经贸法律的特点、发展趋势的分析与研究，阐释了对新疆边贸产生影响的中亚国家经贸领域的法律法规因素。白莉（2008）通过对哈萨克斯坦投资法的分析与研究，梳理了近年来哈萨克斯坦的法律变化以及哈萨克斯坦对外国投资者的态度变化。王林彬（2012）在其著作中，以哈萨克斯坦经济发展为入口，全面分析了哈萨克斯坦投资法的基本体系和内容、投资准入及其待遇、投资争议解决机制、投资法面临的挑战以及投资环境等。

在中国新疆与中亚的经济合作方面，要依托新疆的地缘优势加强各领域的交流与合作。王海燕认为，经过 10 多年的发展双方经济合作已取得长足进步，合作领域包括农业、畜牧业、轻工业、重工业、食品加工业、生物技术、矿产资源及新能源等各个领域。钱勇（2006）主要分析了中国新疆与中亚国家经贸合作存在的问题：一方面，新疆经济基础薄弱，技术和管理人才短缺，对外输出能力弱以及投资环境差；另一方面，中亚国家政治体制不健全、法律法规不完善、基础设施落后、投资环境及管理能力与执行能力有待提高。因此，中亚与中国新疆存在的问题是制约双方进行深度合作的主要因素。顾华祥（2006）认为，中国新疆与中亚经济合作规模总体有限，但最大成效在于双方对经贸合作意愿的不断增强。总体来看，这个阶段学术界已经不再局限于中国与中亚的一些宏观问题，更多细微问题进入学者关注的领域，同时关注问题的领域也有了全面的发展。

第三，在全面上升阶段，学术界在进一步加强政治、经济、安全、法律、教育及人文合作等问题研究的同时，"丝绸之路经济带"、中国在中亚的战略传播与文化发展以及与中亚国家构建利益共同体的研究成为新增内容。

关于"丝绸之路经济带"的研究。赵华胜（2014）认为，"丝绸之路经济带"倡议并非只是简单的经济战略，其"五通"明显涵盖政治、文化领域，它的目标也是软性的，即只给出一个战略方向，暂时没有设定具体目标，也没有终点。因此，在倡议推进中应以综合方式推进，而不只是经济的单兵突进实施方式，应以新型合作模式作为重要切入点，选择重点国家进行重点突破等。对此，应当提供政治保障，即协调好与欧亚经济联盟的关系，发挥上海合作组织的保障作用等。Г. Сыроежкин（2014）指出，中亚国家对于中国提出的"丝绸之路经济带"倡议总体表示欢迎，并愿意积极参与，但"丝绸之路经济带"倡议与欧亚经济联盟明显有竞争关系，因此应努力实现两者的对接。袁胜育等（2015）认为，中亚地区可以作为在"一带一路"框架下的试验区、示范区，可以成为中国新国际主义推进的首要地区，并努力探索成为新大陆主义区域合作典范区和前期成果的展示区。强晓云（2014）认为，加强人文合作是建设"丝绸之路经济带"的重要路径。

关于中国在中亚战略传播与文化发展的研究。赵华胜（2015）指出，中国与中亚经济关系发展顺利，但推动区域一体化建设困难重重，究其原因不在于"硬件"匮乏，而在于"软件"不足，即形象完善进展缓慢。李建军（2015）认为，中华文化在中亚传播应强调文化交流，强调以共存互补、尊重彼此的差异为基本准则，把孔子学院打造为提升双方文化交流与和谐共生的平台，共同推进中亚"区域性和谐文化走廊"建设。郑亮（2015）认为，中国的中亚战略传播体系应服从中国整体布局，以服务于中国西部社会经济发展、民族团结与文化多元为目标来构建中国的中亚传播理论体系。王冰雪（2015）认为，中华文化在中亚的传播必须放在国际传播视野下，中华文化的国际传播应以人类共同发展为基准，如此便可实现中国与不同国家、民族间的文化传播与对话，进而实现中国与中亚国家的文化交流与合作。

关于利益共同体的研究。郑必坚（2012）教授认为：利益共同体"就是要把中国人民的利益同世界各国人民的共同利益结合起来，全方位地扩大同各方利益的汇合点，同各国、各地区建立并发展不同领域、不同层次、不同内涵的利益共同体，并从而推动实现全人类的共同利益、共同人类文明进步成果"①。构建利益共同体首先要超越意识形态和社会制度差异，超越狭隘眼界，以大局观念、务实精神和政治智慧来致力于扩大和深化双边和多边的、不同层次和不同领域的"利益汇合点"。崔宏伟（2015）认为，利益共同体是一个包容性较大的概念，不仅包含不同领域的利益共同体，也包含不同层次的利益和不同程度的利益共同体，但其终极目标则是命运共同体。张宁（2015）认为，构建和打造中国与中亚国家利益共同体和命运共同体，首先应恪守《联合国宪章》的宗

---

① 郑必坚."利益汇合点"、"利益共同体"的若干思考 ［N］. 第一财经日报，2011-12-20（A07）.

旨与基本原则，以共商、共建和共赢为基本路径。丁志刚（2014）认为，打造同中亚国家的利益共同体和命运共同体，应以"丝绸之路经济带"倡议为入口，进一步推进中国—中亚人文交流，培养共同的政治、经济、文化和社会心理认知。

（二）国内外研究现状述评

综上所述，学术界对相关问题的研究从 1992 年的 5 篇到 2022 年的 1000 篇左右，研究领域从最基础的了解介绍，到利益共同体、责任共同体和命运共同体构筑的极大关注，都进一步说明中亚在当前中国对外战略中占据着越来越重要的地位。然而，对于利益共同体的研究也是近几年来才为学术界所关注，尽管之前中国与中亚关系在安全、军事和经济等领域的合作已成为当前双方构筑利益共同体的重要载体，但也仅为某个层面的合作，并未上升到利益共同体、责任共同体和命运共同体的高度，因而必然缺少统领全局的战略考量。本书将从利益共同体的战略内涵及背景出发，对当前中国与中亚构筑利益共同体在中国与世界各国构筑利益共同体的对外战略中所处的地位、双方的利益汇合点、构建利益共同体的现实条件、可能面临的问题进行深入分析，并对此提出一些对策与建议。

三、本书基本结构、研究方法及重难点

利益共同体是近年来中国在国际社会中提出的一个非常重要且具极大价值的外交理念，与中亚国家建立利益共同体是双方必然的战略选择。然而，这种选择必然会受到当前地区各种"公共产品"的影响，但从长远来看，中国所提供的公共产品与地区其他公共产品并不矛盾，都旨在推动地区的繁荣发展。

（一）基本结构

第一部分：主要阐述中国与中亚国家构筑利益共同体的战略背景及意义。

首先对利益共同体的战略内涵以及未来的发展走向在哪里进行分析。当前，中国与世界各国、地区广泛构筑利益共同体这一外交理念被国际社会热议，该外交理念产生的时代背景是什么？中国与中亚国家构筑利益共同体的战略价值在哪里？该部分主要回答这几个问题。

第二部分：主要回答了中国与中亚国家存在哪些利益汇合点这一问题。从目前双方面临的亟待共同解决的问题来看，大国博弈中亚，特别是美国博弈中亚打破中亚原有地缘政治平衡所产生的问题，是中国与中亚国家的首要利益汇合点。国际地缘政治格局变动引发地区"三股势力"乘势作乱，危害中国与中亚国家的国家安全，共同打击地区分裂主义、宗教极端主义和恐怖主义就成为双方的另一个利益汇合点。中国对中亚能源的现实需求与中亚对中国能源市场的需求是双方第三个利益汇合点。最后，就是发展经济，提高人民生活水平都是双方的现实利益汇合点。

第三部分：回答了中国与中亚国家构筑利益共同体存在哪些有利的现实基础。中国与中亚国家政治互信、高层密切往来是构筑利益共同体的政治基础，良好的政治基础为打造上海合作组织提供了前提，为中国与中亚国家构筑利益共同体提供了安全保证和非传统安全防线。能源作为一种战略性资源，为中亚—中国能源管道构筑了能源基础，同时也拉动了双方的经济合作，构建了多边经济合作机制，推动中国与中亚国家互为重要的经贸伙伴。

第四部分：回答了中国与中亚国家要打造怎样的利益共同体的问题。互利共赢是中国对外交往的基本理念，也是打造中国与中亚国家互利共赢的利益共同体的主基调。根据与中亚国家合作的广度、深度的不同，中国与中亚国家在互利共赢的基础上在打造利益共同体方面又略有差异。在中哈之间，努力打造互利共赢的中哈利益共同体；在中土（土库曼斯坦）之间，全力打造合作共赢的中土利益共同体；在中乌（乌兹别克斯坦）之间，努力打造平等互利、安危与共、合作共赢的中乌利益共同体；在中塔（塔吉克斯坦）和中吉之间，努力打造中塔发展共同体和安全共同体以及中吉携手构建人类命运共同体。

第五部分：分析了中国与中亚国家打造互利共赢的利益共同体可能会面临的一些问题。一是中国与中亚国家构建利益共同体需要培养共同责任意识、身份认同以及民间认同问题。二是中亚国家参与的地区经济合作组织与机制一定程度上影响了中国与中亚国家打造互利共赢利益共同体的身份认同与建构，而"新丝绸之路"计划则会成为打造中国与中亚国家互利共赢利益共同体的搅局者。三是来自地区"三股势力"对中国与中亚国家构筑利益共同体的民众基础、社会基础、组织保障与建设基础的威胁，以及地区"三股势力"势必会成为打造中国与中亚国家互利共赢利益共同体进程中外部势力介入与搅局的一枚棋子。

第六部分：针对中国与中亚国家构筑利益共同体可能会面临的问题，回答了中国应该怎么办的问题。对此，首先要通过共商、共建、共享"丝绸之路经济带"倡议红利，以中国与中亚"五通"实现利益共融，培养共同的责任意识及身份认同。中亚作为俄罗斯国家安全战略核心部分，应同俄罗斯在中亚地区的多边框架下进行积极配合与协调，实现"丝绸之路经济带"倡议与欧亚经济联盟的融合发展对冲美国的渗透与影响，加强上海合作组织与集体安全条约组织的协调与配合，应对来自地区安全方面的威胁。同时，积极努力与地区其他国际合作机制进行沟通与协调，为地区社会经济发展等提供更广泛的地区公共产品，进一步加强中国与中亚国家文化部门的合作，全力开展文化交流活动，推进地区媒体和高等院校的合作与交流，实现民心间的交流与互动。

（二）研究方法

本选题以利益共同体战略内涵为基点，坚持历史与逻辑相一致、理论与实践相统一、理想与现实相结合的原则，以当前我国提出这一外交理念的背景为出发点，分析构建中国与中亚利益共同体的客观需求与现实基础、面临的问题，通过政治、经济、能源、安全、文化等方面的研究，力求在吸收国内外相关研究成果的基础上，拓展对中国与中亚国家构筑利益共同体的深度与广度，深化对中国与世界各国构筑利益共同体的规律性认识，进而推进责任共同体和命运共同体的构筑。

本课题将以辩证唯物主义和历史唯物主义以及科学发展观的研究方法为指导，借鉴学术理论研究最新成果，将理论与现实分析牢固地建立在充分占有资料文献的基础上，使做出的结论达到现实与逻辑相统一的要求。其中，文献研究方法是最核心的方法，它包括文献资料收集、整理和分析的方法。该方法的目标在于较为系统和全面掌握有关文献资料，包括理论论述、政策文件、历史记叙、研究文献等，对其进行科学分类和分析，准确回答中国与中亚国家现存的利益汇合点有哪些，中国与中亚国家构筑利益共同体的现有基础是什么，中国与中亚国家构筑利益共同体可能会面临哪些困境，我们该如何做的问题。以完整的文献资料为基础，做出科学的定性分析和判断，以保证研究结果的客观性和结论的科学性。同时，由于研究对象的特殊性，本课题在研究理论、视角和方法上，试图突破国际关系学的局限，将汇聚多学科专家，从经济学、社会学、宗教学、心理学等多学科进行综合性研究，研究方法具有一定的创新性。

（三）重点难点

本选题的研究重点是从利益共同体的战略内涵出发，将利益共同体理念与地区其他公共产品进行协调，实现地区公共产品的多元化发展，推动地区更好更快发展。本选题的研究难点是当前中国与中亚国家构筑利益共同体面临的身份认同、责任意识、地区公共产品对此的认知以及地区宗教极端主义对利益共同体的认知。本选题努力达到的主要目标表现为两个方面：一方面，进一步丰富国内学界对国家利益问题的研究，特别深入发展利益共同体、责任共同体和命运共同体的路径与关系问题研究，以及利益共同体与马克思主义"利益共同体"的关系研究；另一方面，助推丝绸之路经济带战略向纵深发展。

第一章

中国与中亚国家构筑利益共同体的战略背景及意义

党的十八大以来，习近平主席在多个场合多次倡导"人类命运共同体"理念。"人类命运共同体"理念充分反映了中国对全球治理的思考和智慧。党的十九大报告把"明确中国特色大国外交要推动构建新型国际关系，推动构建人类命运共同体"① 作为习近平新时代中国特色社会主义"八个明确"重要思想之一，标志着这一思想的发展成熟。习近平主席在提出人类命运共同体的同时，提出了利益共同体、责任共同体概念，这充分反映了人类命运共同体理念的内在发展逻辑与客观规律，即利益共同体是人类命运共同体的逻辑起点，责任共同体是人类命运共同体的必然要求，人类命运共同体是利益共同体和责任共同体的最终归宿。

一、利益共同体的战略内涵及发展走向

利益共同体是近年来中国在国际社会中提出的一个非常重要且具极大价值的外交理念，旨在把中国人民的利益同世界各国人民的利益结合起来，同各国、各地区建立不同领域（政治、经济、安全、文化、生态、卫生、全球治理）、不同层次、不同程度的利益共同体，从而推动全球利益共同体的实现。

---

① 习近平. 决胜全面建成小康社会 夺取新时代中国特色社会主义伟大胜利——在中国共产党第十九次全国代表大会上的报告 [M]. 北京：人民出版社，2017：19.

（一）利益共同体的战略内涵

利益是人们在社会行为中为满足生存和发展而产生的现实愿望与需求。共同体是指一定人群在共同生活、共同劳动、共同面临解决一切困难的过程中自然形成的一种相对稳定的社会组织形式。在人类历史发展进程中，个人、家庭为了满足生存、发展等现实愿望与需要，组成人类社会发展之初最早的共同体形式，如氏族、部族、部落集团等。社会人群是共同体存在的基础，人的个体利益的实现有助于共同体利益的实现与发展。反之，共同体又是个人存在、发展的前提与保障。共同体是个体存在与发展的前提，也为个体利益的实现提供了现实保障。从这个角度，现代意义上的民族国家、国家集团、区域性组织以及国际性组织，实质上也是某个层次、领域的利益共同体的形式。这也正是人类社会能够由氏族部落到今天民族国家，由个体利益、群体利益、国家利益，再到国家间的利益共同体，逐步走向全人类共同利益阶段，并最终形成人类命运共同体阶段。

利益共同体是以双方或各方共同利益，超越双方或各方利益分歧、价值差异、制度差异，以求同存异的政治勇气和担当，实现双方或各方不同层次、不同领域和不同程度利益的集合共同体。十八大以来，习近平主席多次在不同国际国内场合提出利益共同体、责任共同体、命运共同体等外交理念，从互利共赢的利益共同体、广泛的利益共同体、金砖国家利益共同体、中阿利益共同体、中非利益共同体到发展之路上的利益共同体，利益共同体战略范围不断扩大、内容涉及各个领域，为人类社会永续发展提供了方向与指引。

中国与中亚国家打造互利共赢的利益共同体。互利共赢是强调利益共同体双方以互利共赢为基础、原则，交往合作以对双方都有利为基础，让交往双方都可受益、取得成功。可以说，互利共赢历来是中国与世界其他国家关系往来的基本原则，与西方社会历来秉持的赢者通吃理念完全不同。2013年9月，习近平在哈萨克斯坦纳扎尔巴耶夫大学发表演讲时，首次提出打造中国与中亚国家"互利共赢的利益共同体"理念。新时期，中国与中亚国家同处相同的发展阶段、面临相似发展境遇以及拥有共同的发展目标，互利共赢将成为中国与中亚国家打造利益共同体所遵循的基本原则。习近平主席指出，中国与中亚国家"确保经济长期稳定发展，实现国家繁荣富强和民族振兴"的发展目标高度一致，双方应充分发挥现有的政治优势、地缘优势和经济互补优势，"转化为务实合作优势、持续增长优势，打造互利共赢的利益共同体"①。毫无疑问，"丝绸之路经济带"建设将成为深化双方务实合作优势和经济持续增长优势最有效的路径。

中国与周边国家构建广泛的利益共同体。习近平主席曾多次在不同国际场合就周边国家关系做出形象比喻，"朋友可以选择，但邻居是无法选择的"。因此，发展睦邻友好，与邻为善、与邻为伴，深化互利合作才是唯一正确的选择。② 因为只有深化互利合作，才能有效维护好和利用好当前的发展战略机遇期，才能维护好国家主权、安全和发展等利益，才能编织更加紧密的共同利益网络，构建更加广泛的利益共同体。十八届五中全会公报指出，中国将"奉行互利共赢的开放战略，发展更高层次的开放型经济，积极参与全球经济治理和公共产品供给，提高我国在全球经济治理中的制度性话语权，构建广泛的利益共同体"③。2017 年 5 月，习近平主席在"一带一路"国际合作高峰论坛开幕式上发表题为"携手推进'一带一路'建设"的演讲，指出，"我们欢迎各国结合自身国情，积极发展开放型经济，参与全球治理和公共产品供给，携手构建广泛的利益共同体"④。在携手构建广泛的利益共同体倡议中，"开放型"是一个关键词，即与以往西方所主导的经济合作平台设置的前提条件不同，即对有

---

① 习近平. 习近平谈治国理政：第一卷 [M]. 北京：外文出版社，2014：289.
② 习近平. 习近平谈治国理政：第一卷 [M]. 北京：外文出版社，2014：297.
③ 习近平. 中国共产党第十八届中央委员会第五次全体会议公报 [EB/OL]. 人民网，2015-10-30.
④ 习近平. 习近平在"一带一路"国际合作高峰论坛开幕式上的演讲 [EB/OL]. 人民网，2017-05-14.

意愿的国家、地区不设置任何前提条件，都可自愿参与，并以此推动形成开放型的世界经济和有利于世界各国的发展环境。

中国与金砖国家打造金砖国家利益共同体。金砖国家同处发展中国家地位，经济发展阶段相似，发展机遇和面临的挑战相同。作为世界五大新兴经济体，金砖国家的兴起无疑都曾依托与西方发达国家经济贸易关系的发展，甚至成为其产业链的一个重要组成部分。新时期，经过几十年的发展，新兴经济体国家逐渐建立起更完善的国民经济体系，其经济发展不仅依赖西方发达国家，新兴经济体以及广大发展中国家也在其经济体系中的地位越来越高，从而形成对发达国家的依赖不断减弱的态势。在金砖国家中，中国因制造业享誉世界被视为"世界工厂"，俄罗斯因丰富的能源资源被誉为"世界加油站"，巴西因其丰富的农林资源及矿产资源被誉为"世界原料基地"，印度信息产业技术也位于世界前列，南非则成为外部了解非洲、认识非洲、走向非洲的桥梁。① 金砖国家各有所长的国家资源禀赋为各方合作带来了巨大空间和动力。2013 年 3 月，习近平主席在金砖国家领导人会晤时发表题为"携手合作 共同发展"的主旨讲话时指出，金砖国家 30 亿人要过上好日子，"我们要深化互利合作、谋求互利共赢"②。2015 年 7 月，习近平主席在金砖国家领导人第七次会晤上就加强金砖国家伙伴关系发言时指出，"构建促进共同发展的伙伴关系。金砖国家合作事业要繁荣昌盛，就要强本固基，打造金砖国家利益共同体"③。

坚持共商、共建、共享原则，打造中阿利益共同体和命运共同体。2014 年 6 月，习近平主席出席中阿合作论坛第六届部长会议时发表《弘扬丝路精神 深化中阿合作》演讲指出，中阿关系始于丝绸之路，是建设"一带一路"的天然伙伴。"一带一路"建设兼顾中阿双方利益和关切，是双方智慧与创意的结晶，

---

① 徐惠喜. 锻造金砖国家命运共同体［EB/OL］. 中国经济网，2013-11-01.

② 习近平. 习近平谈治国理政：第一卷［M］. 北京：外文出版社，2014：325.

③ 习近平. 在金砖国家领导人第七次会晤上的讲话：共建伙伴关系 共创美好未来［N］. 人民日报，2015-07-10（03）.

双方必须各施所长、各尽所能，让更多的建设成果惠及双方人民，从而打造中阿利益共同体和命运共同体。

中国与欧洲是发展之路上的利益共同体。2014 年 3 月，习近平访欧期间先后访问了荷、法、德、比等国，并就中国与欧洲国家构建利益共同体发表了重要讲话。习近平主席在中法建交 50 周年纪念大会上指出，"中方愿意同法方一道，牢固树立利益共同体意识"①。中法树立利益共同体意识，必须坚持互利共赢原则，寻找双方更多利益契合点，深化经济互利合作，夯实中法关系经济基础。在德国访问期间，习近平主席指出，应"始终从战略高度、用长远眼光，从两国人民利益契合点出发，打造中德利益共同体"②。中德当前紧密合作源于两国能够把握正确的发展方向，源于两国高层交往密切以及双方建立的几十个长效对话交流机制。习近平主席在访问比利时期间，在比利时《晚报》发表题为《中欧友谊和合作：让生活越来越好》的署名文章，指出，"中欧是发展之路上的利益共同体，中国将继续从战略高度看待欧洲，支持欧洲一体化建设"③。与此同时，新的形势又赋予中欧友谊和合作新的战略内涵。一方面，和平、发展、合作、共赢虽已成为时代潮流，但地区冲突与动荡频发、海盗猖獗、恐怖主义泛滥，世界和平与稳定需要中欧两大力量共同维护。另一方面，中国作为最大的发展中国家与欧洲这个世界最大经济体有很强的互补性。中欧坚持互利共赢与市场开放，将成为世界经济强劲、可持续发展的两大动力。再者，中欧是推动人类进步的两大文明。中欧分属世界两大不同文明，对人类社会发展进程都发挥着举足轻重的作用。中欧共同坚持文明互容、互鉴，对人类文明共同进步将发挥积极的作用。

2015 年 10 月，习近平主席在英国议会发表讲话时指出，"中英越来越成为

---

① 习近平. 习近平在中法建交 50 周年纪念大会上的讲话（全文）［EB/OL］. 人民网，2014-03-27.

② 习近平. 习近平会见德国总统高克［EB/OL］. 人民网，2014-03-29.

③ 习近平. 习近平主席在比利时《晚报》发表题为《中欧友谊和合作：让生活越来越好》的署名文章［N］. 人民日报，2014-03-30（02）.

你中有我、我中有你的利益共同体"①。在经济领域，中英利益共同体不仅体现为双边经贸关系的不断加深，还体现在国际金融方面：英国还是首个发行人民币国债的西方国家、最早申请加入亚洲基础设施投资银行的西方大国。在政治领域，英国是第一个承认新中国的西方大国，也是率先同中国建立全面战略伙伴关系的欧盟国家。在文化交流方面，英国也是吸引中国留学生、开办孔子学院最多的欧盟国家。② 2018 年，习近平主席在 G20 峰会上发表题为"登高望远，牢牢把握世界经济正确方向"的讲话指出，"无论前途是晴是雨，携手合作、互利共赢是唯一正确选择。这既是经济规律使然，也符合人类社会发展的历史逻辑"③。2021 年 4 月 20 日，习近平主席在博鳌亚洲论坛 2021 年年会开幕式上发表《同舟共济克时艰，命运与共创未来》的视频演讲指出，要从人类共同利益出发，以负责任的态度对当前国际形势做出明智选择，并倡议"亚洲和世界各国要回应时代呼唤，携手共克疫情，加强全球治理，朝着构建人类命运共同体方向不断迈进"④。由此可以看出，人类利益共同体不仅表现在物质利益层面，还表现在精神层面，如共同国际公共卫生治理理念及全球治理理念。

如前所述，利益共同体理念并非无根之木、无源之水。从氏族、部族共同体的建立，到现代民族国家的形成，再到诸多非政府组织和政府间国际组织的成立，都离不开个体、群体以及个体与群体间荣辱与共、利益共享理念的延续。可以说，共同利益、互利共赢的思想是利益共同体形成的坚实基础。从《威斯特伐利亚和约》确立的平等和主权原则得到国际社会的一致公认，到《联合国宪章》明确的四大宗旨和七项原则以及万隆会议倡导的和平共处五项原则成为国际社会的基本遵循，国际关系演变进程中积累了一系列国际社会公认的原则。王义桅教授认为，"这些原则应该成为构建人类命运共同体的基本遵循。这表

---

① 习近平. 习近平在英国议会发表讲话［N］. 人民日报，2015-10-21（01）.
② 习近平. 习近平在英国议会发表讲话［N］. 人民日报，2015-10-21（01）.
③ 习近平. 登高望远，牢牢把握世界经济正确方向［N］. 人民日报，2018-12-01（03）.
④ 习近平. 同舟共济克时艰，命运与共创未来［N］. 人民日报，2021-04-21（02）.

明，中国提出的人类命运共同体思想，继承了人类社会孜孜以求的优良传统，并在21世纪使之升华"①。从互利共赢的利益共同体、广泛的利益共同体到金砖国家利益共同体、中阿利益共同体，再到发展之路上的利益共同体，利益共同体的战略范围涵盖全球各个角落的相关国家。利益共同体从物质层面的互利共赢、深化互利合作，到维护国家主权、安全和发展等广泛利益，再到构建促进共同发展的伙伴关系、共同的国际卫生治理及全球治理理念，利益共同体战略内涵不断丰富。

（二）利益共同体的主要内容

互利共赢是利益共同体存在的现实基础，即共同体双方或各方在某些领域有着共同的利益，这些共同利益也就成为构建利益共同体的基石。古往今来，国家利益一直被视为国与国之间交往的核心因素。正如前英国首相帕麦斯顿在下院为其对外政策辩护时所言："没有永恒的朋友，也没有永恒的敌人，只有永恒的利益。"我国战国时期有合纵连横，19世纪初欧洲有各国联合抗法，第二次世界大战中美苏形成的反法西斯同盟，以及二战后中美由对抗到发展友好合作关系皆为各方共同利益使然。由此可见，共同利益这一概念虽诞生于现代，但作为一种思想古而有之，并被广泛用之。然而，过去国家间的共同利益由于社会经济联系松散而表现为一种暂时性的社会现象或者暂时的国家间的合作现象，随着共同利益行为的结束而终结。20世纪70年代以来，随着经济全球化的进一步深入发展，国家间的经济贸易往来日益频繁，社会政治经济交往已呈现出"你中有我，我中有你""一荣俱荣，一损俱损"的利益共同体形式。

利益共同体是以双方或各方共同利益超越双方或各方利益分歧、价值差异、制度差异，以求同存异的政治勇气和担当，实现双方或各方不同层次、不同领域和不同程度利益的集合共同体。习近平总书记在中共十八届中央政治局第三

---

① 王义桅. "人类命运共同体"新理念三解 [EB/OL]. 人民网，2017-01-25.

十一次集体学习时指出："统筹我国同沿线国家的共同利益和具有差异性的利益关切，寻找更多利益交汇点，调动沿线国家积极性。"① 利益共同体的构建就在于利益双方或各方以双方或各方的共同利益为汇合点，不断实现各个领域、不同层级、不同程度的利益共同体。郑必坚教授曾指出，中国要和平崛起就必须处理好同一切相关国家和地区的关系问题，构建与相关国家的利益汇合点。其中，一定要同相关各方形成轻易拆解不开的、多方面的和不同领域、不同层次的利益共同体。② 从互利共赢的利益共同体、广泛的利益共同体，到金砖国家利益共同体、中阿利益共同体，再到发展之路上的利益共同体。可以看出，中国不断深化和扩大与周边国家、亚洲国家、欧洲国家、拉美国家的利益汇合点，构建利益共同体战略范围不断扩大、利益汇合点不断丰富，按利益汇合点的内容可以大致分为政治、经济、安全、文化、卫生、环境、海洋、全球治理等诸多利益领域。

在政治领域，以相互尊重、平等相待、合作共赢为基本原则，不断深化利益共同体国家间的政治互信。相互尊重、平等相待看似简单，且是必须遵守的国际交往的基本原则，但在以往国际关系交往中显得弥足珍贵。从西方的游牧基因到达尔文的"物竞天择，适者生存"，强者为尊、赢者通吃的基因和理念深深地烙印在西方社会深处。因此，在以往国际社会中尊重和平等只适于强者之间，输赢在于实力之间。新中国成立不久，就将相互尊重、平等互利等作为中国对外关系的基本原则。随后，中国及相关国家处理国家间关系的和平共处五项原则也得到了国际社会大多数国家的认可，并在诸多双边、多边条约中得到体现，25 届联大和第 6 届特别联大宣言都将和平共处五项原则纳入其中。新时期，为推动中国与世界各国政治互信不断深化，推行"亲诚惠容"的周边外交理念、"真实亲诚"的对非外交工作方针，构建以合作共赢为核心的新型大国关

---

① 习近平. 习近平谈治国理政：第二卷 [M]. 北京：外文出版社，2017：501.

② 郑必坚. 中国和平发展道路与构建利益共同体 [EB/OL]. 国家创新与发展战略研究会，2013-03-23.

系，坚持加强与各国高层、政府机构、立法机构、政党等之间的密切往来与对话，充分发挥高层及机构的引领作用，并就双方、各方关心的重大问题进行沟通、交流，以及提升国际战略协调与合作的深度和广度。

在经济领域，以互利共赢为原则，构建经济纽带更加牢固的利益共同体。正如恩格斯曾经所言，"每一个社会的经济关系首先是作为利益表现出来"。从古至今、从内到外，经济纽带实为诸多共同体的核心所在，经济纽带紧密与否直接决定着共同体的政治生命，利益共同体也概莫能外。随着经济全球化的深入发展，中国与世界各国相互联系、相互依存不断加深，正在形成利益交融、安危与共、一荣俱荣、一损俱损的利益共同体。为了构建经济纽带更加牢固的利益共同体，必须坚持互利共赢的基本原则，使交往双方、各方都可受益，都能取得成功。构建经济纽带更加牢固的利益共同体，中国必须以坚持改革开放、丰富对外开放新局面、新内涵为指引，不断提高对外开放水平，把"引进来"与"走出去"作为对外开放战略布局的"双引擎"，"推进双向开放，支持沿海地区全面参与全球经济合作和竞争，培育有全球影响力的先进制造基地和经济区，提高边境经济合作区、跨境经济合作区发展水平"①。与此同时，深化与相关国家的互利共赢格局，以"一带一路"建设为抓手，统筹经济、贸易、金融、科技等方面资源，以"五通"为内容"共同打造开放、包容、均衡、普惠的区域合作架构"，努力实现"由易到难、由近及远，以点带线、由线到面，扎实开展经贸合作，扎实推进重点项目建设"，不断寻求互利合作的战略契合点，打造开放型合作平台，积极参与区域经济合作，不断深化与相关国家和地区互利共赢的务实合作内容，"推动构建公正、合理、透明的国际经贸投资规则体系，促进生产要素有序流动、资源高效配置、市场深度融合"②。

在安全领域，中国坚持共同、综合、合作、可持续的新安全观。新安全观

---

① 中共十八届五中全会在京举行［EB/OL］. 人民网，2015-10-30.
② 习近平. 习近平在"一带一路"国际合作高峰论坛开幕式上的演讲：携手推进"一带一路"建设［EB/OL］. 人民网，2017-05-15.

是与西方社会所主导的、以牺牲他国安全来维护自身国家安全所不同的新型国家安全观。新安全观的共同安全观表明，地球村时代只有大家共同安全，才能实现真正意义上的普遍安全，"一国安全不能建立在别国不安全之上，别国面临的威胁也可能成为本国的挑战"①。以美国为首的西方社会在诸多领域的双标为自身国家安全埋下了巨大的安全隐患就是最好的例证。由于其双标，美国、英国、法国等国家多次遭受暴恐袭击。2019 年 3 月，根据中国发布的《新疆的反恐、去极端化斗争与人权保障》白皮书显示，仅"9·11"就造成美国民众2996 人死亡。英国伦敦连环爆炸案，52 人死亡、700 多人受伤。2015 年 11 月，法国巴黎系列恐怖袭击事件，132 人死亡、300 多人受伤。2016 年 12 月，德国柏林恐怖袭击事件，12 人死亡、49 人受伤。据不完全统计，2018 年全球发生1127 起恐怖袭击事件，造成 13000 多人死亡。②

　　美国等西方国家在中国香港地区的"民主"双标也让自身深受其害。2020年 5 月，美国明尼苏达的乔治·弗洛伊德之死再次拉开美国的反种族歧视序幕，以"我不能呼吸了"③"黑人的命也是命"为口号的示威游行波及美国 100 多个城市，美国政府却对这种民主游行采取警棍、催泪瓦斯、辣椒喷雾、橡胶弹加身的暴力驱赶举措。2019 年年末，美国等西方国家在新冠（COVID-19）疫情暴发之初的所作所为以及随后自身面临新冠疫情及其对国际公共卫生安全所造成的严重威胁再次充分说明，随着地球村时代的到来，国家安全以及国际安全形势与内容都发生了巨大变化。人类社会除面临着传统安全之外，非传统安全已深刻危及人类社会的方方面面。这种国际安全形势要求，人类社会必须树立共同、综合、合作、可持续的新安全观，必须倡导公平正义的、共建共享的一种国际安全格局。

---

① 习近平. 习近平谈治国理政：第三卷［M］. 北京：外文出版社，2020：433.
② 新疆的反恐、去极端化斗争与人权保障［EB/OL］. 人民网，2019-03-18.
③ 2020 年 5 月 25 日，46 岁的美国黑人乔治·弗洛伊德被警察的暴力执法"膝盖锁喉"致死时说的一句话。

在文化领域，坚持文明交流互鉴，尊重世界文明的多样性，共同促进人类文明繁荣进步。人类之所以能够发展进步，正是得益于人类各种文化在历史长河中不断交流互鉴的结果。西方的葡萄、苜蓿、石榴等通过丝绸之路进入中国，丰富了中国民众的健康饮食。中国古代的四大发明经古丝绸之路到达西方后，为现代造纸业、航空航天、现代印刷术以及大航海业的发展奠定了坚实的基础。近现代以来，中国文明与西方文明不断碰撞交流的过程中实现了马克思主义中国化的发展。可以说，马克思主义中国化是东西方文明交流互鉴的最新成果。"国之交在于民相亲，民相亲在于心相通。"① 民相亲、心相通不仅在于利益共同体各方政治关系的友好、经济纽带的牢固、安全合作的深化，更在于人文关系的紧密。良好的人文关系不仅能增进彼此的了解，筑牢利益共同体的民意基础，消除文明隔阂、文明冲突，而且能够成为增进相互理解、相互尊重、相互信任的社会根基。

在公共卫生领域，中国坚持国际合作，倡导携手构建人类卫生健康共同体。人类的卫生健康问题是人类社会一直以来的追求。2019 年年末以来，国际公共卫生健康问题再次以前所未有之迅猛态势呈现在世人面前，国际公共卫生健康问题再次成为国际社会的焦点问题。自人类社会有相关信息记载以来，人类社会面临的公共卫生事件从未间断过，只因全球化时代尚未到来而未完全表现为全球公共卫生事件。全球化时代的到来，让人类社会面临着全球公共卫生事件的次数越来越多、频率也越来越高、对人的生命健康威胁也越来越大。此次新冠疫情的全球蔓延及病毒的不断突变给国际公共卫生事业带来巨大挑战与威胁。习近平主席在第 73 届世界卫生大会视频会议致辞时指出，在此次疫情结束之后，针对此次疫情的防控不足和短板，必须"加强全球公共卫生治理""完善公共卫生治理体系"②。针对新冠疫情全球蔓延问题，习近平主席强调："团结合

---

① 习近平. 习近平谈治国理政：第二卷［M］. 北京：外文出版社，2017：510.

② 习近平. 团结合作战胜疫情 共同构建人类卫生健康共同体——在第 73 届世界卫生大会视频会议开幕式上的致辞［N］. 人民日报，2020-05-19（02）.

作是战胜疫情最有力的武器。让我们携起手来，共同佑护各国人民生命和健康，共同佑护人类共同的地球家园，共同构建人类卫生健康共同体！"①

在生态环境领域，中国坚持尊重自然、顺应自然、保护自然的人与自然和谐共生共存生态环境理念，把建设一个清洁美丽的世界作为人类命运共同体的重要方面。习近平主席在第七十届联大一般性辩论会上指出，"我们要构筑尊崇自然、绿色发展的生态体系。人类可以利用自然、改造自然，但归根结底是自然的一部分，必须呵护自然，不能凌驾于自然之上。我们要解决好工业文明带来的矛盾，以人与自然和谐相处为目标，实现世界的可持续发展和人的全面发展"②。在人类可以预见的未来，地球依然是人类赖以生存的唯一家园。然而，人类面临的生态环境正在急剧恶化，以全球气候变暖、臭氧层衰竭、水资源匮乏、土壤资源退化导致可耕种面积不断减少、森林草原植被和野生动植物资源的多样性减少以及有毒有害物质污染与跨境转移污染等生态环境安全问题已经深刻地影响到人类生存的地球环境。正如前英国诗人约翰·多恩所言，地球每一寸流失的土地都与每个人息息相关。地球的气候、土壤、水源、动植物资源多样性以及有害物质处置等问题与人类社会未来发展息息相关，世界各国只有携手努力共同树立尊重自然、顺应自然和保护自然的意识，积极倡导并实践绿色、低碳、可持续的发展方式，人类社会才能走上永续发展之路。

在全球治理方面，中国坚持共商、共建、共享的全球治理理念。对此，中国坚持做积极行动者，共同努力把人类前途命运掌握在自己的手中。当前，国际社会面临百年未有之大变局，国际热点问题此起彼伏与国际难民危机不断、经济全球化深入发展与贸易保护主义不断抬头、信息全球化与网络安全问题丛生、西方社会的双标反恐导致越反越恐、全球气候发生深刻变化与气候谈判问

① 习近平. 团结合作战胜疫情 共同构建人类卫生健康共同体——在第73届世界卫生大会视频会议开幕式上的致辞［N］. 人民日报，2020-05-19（02）.

② 中共中央文献研究室. 十八大以来重要文献选编（中）［M］. 北京：中央文献出版社，2016：697.

题停滞不前等传统安全问题与非传统安全问题相互交织，原有全球治理体系及相关机制受到巨大冲击。中国坚持公正合理的多边主义，强调加强世界贸易组织、国际货币基金组织等全球性和区域性多边机制的作用，以协商对话聚同化异，坚持以义为先、义利兼顾的义利观来增进彼此战略互信，破解全球治理中的信任赤字，以同舟共济的新安全观和互利共赢的发展理念，倡导世界各国"积极发展开放型经济，参与全球治理和公共产品供给"① 来破解全球治理中的和平赤字和发展赤字问题。中国坚持共商、共建、共享的全球治理理念是对原有国际治理体系的改革与完善，是要推动其向更加公正合理的方向发展，这符合世界各国和全人类的共同利益。

（三）利益共同体的发展走向

利益共同体是双方或各方以共同利益为基础，形成超越双方或各方利益分歧、价值差异、制度差异，以求同存异的政治勇气和担当，实现双方或各方不同层次、不同领域和不同程度的利益集合体。可以说，共同利益是双方或各方能够形成共同意识、共同意志及发展的现实基础。综观当今国际社会出现的大小不同、形态不一的各种政治、经济、文化、军事等各领域共同体，共同利益无疑是最核心的要素。反之，在人类社会历史发展进程中，诸多共同体因共同利益的消失或维护不当而消失在历史长河之中的案例也比比皆是。随着全球化进程的不断深入，"地球村"的出现，人类社会相互联系更为紧密、相互依存更为深刻，不同领域、不同层级、不同程度的利益共同体已经呈现。2018 年，习近平主席在 G20 峰会上发表题为"登高望远，牢牢把握世界经济正确方向"的讲话指出，在各国相互协作、优势互补的发展演进中，各国逐渐形成利益共同体、责任共同体、命运共同体。②

---

① 习近平. 习近平在"一带一路"国际合作高峰论坛开幕式上的演讲：携手推进"一带一路"建设 [EB/OL]. 人民网, 2017-05-14.

② 习近平. 登高望远，牢牢把握世界经济正确方向 [N]. 人民日报, 2018-12-01（03）.

　　责任共同体是与利益共同体紧密相关的一个外交理念，旨在通过共同责任担当，使共同利益获利主体不仅享受获利，更要共同承担责任，形成共同利益与共同责任相辅相成、权利与义务相互匹配的权责利共享的、同呼吸共命运的共同体。在全球化的今天，中国与相关国家、地区不仅存在共同利益，在实现共同利益的同时也会面临诸多问题与挑战。2017 年，习近平主席在世界经济论坛年会上发表题为"共担时代责任，共促全球发展"的演讲指出，人类文明进步历程从来没有坦途可走，人类文明进步就是在同困难做斗争的进程中前进的。"遇到了困难，不要埋怨自己，不要指责他人，不要放弃信心，不要逃避责任，而是要一起来战胜困难。"① 利益共同体成员国在实现共同利益的同时，需要确立彼此的责任意识，即利益共享，责任共担。利益共同体只强调共同利益，而忽略共同责任，其共同利益最终会内化为单方面的国家利益，最终演化为狭隘的国家利益。正如马克思所言："思想一旦离开利益就会出丑"②，同样，利益一旦离开责任也会出丑。20 世纪初成立的国际联盟以及国际联盟的土崩瓦解就是最好的例证。国际联盟作为为摆脱无休止的战争而成立的国际和平与安全利益共同体，当德意日法西斯同盟形成并对外进行扩张之时，由英法主导的国际联盟不但没有承担应有的维护和平与安全的责任，反而以牺牲部分国家的领土与主权为代价，不断向法西斯轴心国妥协，最终不仅使国际联盟的核心价值丧失，也让英法成为国际社会的笑柄。如前所述，在人类历史长河中，因共同利益而构建的利益共同体层出不穷，因共同利益的消失或维护不周而瓦解的利益共同体也比比皆是。新时期，中国与相关国家构建不同领域、不同层次和不同程度的利益共同体，将以合作共赢为理念构建新型国际关系，以互利共赢为内容、政治互信为支撑、新安全观为保障、人文交流互鉴为根基，把利益共享、责任共担内化为利益各方的共同"信仰"，最终形成具有高度政治共识、休戚与

---

① 习近平. 习近平谈治国理政：第二卷［M］. 北京：外文出版社，2017：487.
② 马克思恩格斯文集：第 2 卷［M］. 北京：人民出版社，2009：286.

共的责任意识与共命运意识。正如西汉初年淮南王刘安所言，"积力之所举，则无不胜也；众智之所为，则无不成也"①。

人类命运共同体是利益命运共同体的最终归宿。"人类命运共同体，顾名思义，就是每个民族、每个国家的前途命运都紧紧联系在一起，应该风雨同舟，荣辱与共，努力把我们生于斯、长于斯的这个星球建成一个和睦的大家庭，把世界各国人民对美好生活的向往变成现实。"② 人类命运共同体是中国在深化人类社会发展规律基础上，以国家间的利益汇合点为基础，强化共同利益维度，通过共享利益强化共担责任意识，最终形成利益共同分享、责任共同担当、命运紧密相连的外交理念。③

2013 年 3 月，习近平主席在莫斯科国际关系学院发表演讲时首次提出"命运共同体"理念。命运共同体理念的提出就在于人类社会相互联系、相互依存程度的空前加深，新科技革命使人类社会生活真正同在一个"地球村"里。随着时代的飞速发展，人类命运共同体理念也在飞速发展中不断创新与发展。人类命运共同体源于与世界各国关系发展实践的不断探索，也源于人类文明交流交融的结果，只有世界各国仁人志士携手努力，不断探索、勇于创新、勇于担当，才能不断丰富和发展人类命运共同体理念。

从命运共同体的发展阶段来看，人类命运共同体必然要经过利益共同体、责任共同体这两个阶段。利益共同体是人类命运共同体形成的前提与基础，随着利益共同体的深入发展，继而形成国与国间的责任共同体、区域内的责任共同体（这两个层次间很多时间会呈现重合趋势），区域间的责任共同体；最终形成国与国间的命运共同体、区域内及区域间的命运共同体（这两个层次间很多时间也会呈现重合趋势），再到全球人类命运共同体。人类命运共同体理念旨在

---

① 习近平. 习近平谈治国理政：第二卷［M］. 北京：外文出版社，2017：482.

② 习近平. 习近平谈治国理政：第三卷［M］. 北京：外文出版社，2020：433.

③ ЦУЙ Цимин，Сунь Цзин. Сообщества единой судьбы Концепции Си Цзиньпина о путях развития человеческой цивилизации，стр78.

与国际社会共同建设一个和平、安全、繁荣、开放和清洁美丽的世界。这是一个超越现代民族国家，超越意识形态，超越不同文化、不同制度、不同发展道路的人类未来发展理念，是中国为人类未来社会发展提供的中国智慧，也是当前中国以及未来中国的全球发展理念。这一发展理念不仅使中国受益，也将使世界各国和各地区融入人类命运共同体的建设之中，使世界各国人民特别是发展中国家人民，充分感受到命运共同体带来的切切实实的改变，从而形成全球一家人、地球一村人的真实感受。

二、中国与中亚国家构筑利益共同体的战略背景

当前，人类社会正处于大发展、大变革、大调整时期，互利共赢已成为国际社会交往的基本要素。随着经济全球化深入发展、世界多极化趋势日益明显以及社会信息化的飞速推进，"地球村"时代加速来临，世界各国日渐形成一个"你中有我，我中有你"的利益共同体。然而，以美国为首的西方社会依然站在"道德"高地、"法律"高地、"话语"高地，大肆挥舞其霸权大棒，使其所谓"自由、民主、人权"等价值理念受到各方质疑。与此同时，国际恐怖主义、重大传染性疾病防治、生态环境恶化等非传统安全问题不断涌现，致使人类社会面临诸多挑战，国际社会未来发展需要新的发展方案，需要中国贡献中国的智慧与中国的责任。

（一）合作共赢成为国际社会的广泛共识

20 世纪 70 年代以来，随着人类对科学技术的不断探索，生产力飞速提升。特别是信息技术革命的深入发展，冲破了原有陆地、海洋等地域和国界对国家间的限制，国家间政治经济往来实现便利化发展。跨国公司的跨国分工和全球流动进一步推动了全球化进程。随着东欧剧变、苏联解体，国际贸易自由化、国际资本的自由流动更为便利，逐步形成以西方发达国家经济体系为主的相互

依赖的全球经济化网络，合作共赢日渐成为国际社会的广泛共识。

经济全球化进一步推动世界多极化深入发展。苏联的解体使两极体系瓦解，美国作为两极体系仅存的一极，相比以往，绝对实力也相对下降，但依然是国际社会中最强劲的一极。与此同时，俄罗斯作为苏联的唯一继承者，综合国力虽大幅下降，但其核能力依然首屈一指，依然是国际社会中非常重要的一极；二战后的欧洲传统大国国家实力已今非昔比，作为欧洲领头羊的法德为维护自身国家利益，已将欧洲国家整合为一个整体——欧洲国家联盟，成为世界上重要的一极；20世纪70年代以来的日本经济军事技术能力位居世界前列，自然也是世界政治版图中重要的一极；改革开放40年来，中国经济实力跃居世界前列，科学技术以及军事实力等推动综合国力的因素得到大幅提升，使中国也成为世界的重要一极；此外，印度、巴西、南非、印度尼西亚等国家实力也得到大幅提升。由此可见，冷战后所形成的"一超多强"格局已悄然发生变化，国际政治格局"多极化"日趋明显。

经济全球化与世界多极化促进了国际组织、跨国公司的深入发展。在经济全球化与世界多极化这个时代，为维护和拓展国家利益，国际组织和跨国公司是实现国家利益的一个非常重要的渠道。冷战结束后，国际组织和跨国公司数量的大幅攀升就是很好的反映。国际组织和跨国公司的飞速成长，在某种程度上能够反映出，为了维护和拓展国家利益，世界各国已达成一个普遍的共识——主权让渡。这种主权让渡是基于双方的利益诉求，即合作双赢、共赢、多赢。世界各国逐渐形成以制度、规则来协调相互关系和利益的方式，通过制度、规则等来协调彼此利益关系已经成为最优选择、最佳方案，建立国际机制、遵守国际规则、追求国际正义已日渐成为大多数国家的共同选择。面对国家间的分歧、区域性的矛盾以及全球性的挑战，各国不再以简单"粗暴"的冲突、战争等方式来化解，而是以接触、协商、合作的方式通力合作来应对，从而以实现双赢、多赢、共赢的良好局面。

（二）西方自由民主价值及全球治理理念日渐式微

21世纪以来，以美国为首的西方国际社会公信力速衰，西方的自由民主及全球治理理念日渐式微。从北美十三州的独立，到亚非拉国家的反帝反殖，再到东欧剧变，西方的民主、自由价值理念可谓深刻影响着世界七大洲、四大洋的所有地区。在整个20世纪，以美国为首的西方发达国家被视为民主、自由、人权的代名词，广大第三世界国家的诸多民众无论是否了解民主、自由、人权，无论是否去过美国或者欧洲，但在那个世纪很多人只要谈及美国与西方的优点自然会讲到民主、自由、人权等概念。为什么会这样？因为这是民众对民主、自由、人权等价值的普遍向往。因而，在那个时代自由、民主、人权等价值理念也就被视为国际社会的"普世价值"。

然而，现实是以美国为首的西方国家在国际社会中并未遵循自己所倡导的民主、自由、人权等价值准则，或者说西方所倡导的民主、自由、人权等理念与广大第三世界国家民众所理解的民主、自由、人权等价值理念是有出入的，是两套标准。从东欧剧变之后，在西方所谓"民主、自由、人权"价值理念的主导下，美国先后导演了东欧、中亚及北非等地区的一系列"颜色革命"。"颜色革命"的核心就是通过各种手段建立亲西方的政府，至于其是不是一个真讲民主、自由、人权等价值理念的政府并不是以美国为首的西方国家所关注的。在推进"颜色革命"进程中，美国对一些民选的、人民认可但非亲美西方的政府则通过各种抹黑、泼脏水等手段进行打压，可谓无所不用其极。从而致使相关国家长期限于混乱状态，老百姓渴望的自由、民主、人权等价值在美国的主导下不但都化为泡影，甚至连基本的生活、生命都无法得到有效保障。

美国在中东和北非地区军事介入推翻当地非亲美西政府，致使该地区长期陷于混乱乃至战争状态。"9·11"后不久，美国便以伊拉克掌握大规模杀伤性武器和支持恐怖组织为由发动了第二次伊拉克战争。战争前，美国政府曾向伊拉克人民"庄严"承诺：将为伊拉克人民建立一个自由、民主的政府。萨达姆政权被推翻近 20 年了，伊拉克人民依然生活在水深火热之中。2011 年，以美国为首的西方国家在利比亚又导演了一出"民主与自由"的闹剧，卡扎菲独裁政权被推翻了，利比亚人民所期待的一个讲民主、自由、人权的时代却没有到来，到来的是无穷的炮火与硝烟。卡扎菲独裁政权被推翻近 10 年了，利比亚人民没有迎来民主、自由、人权时代，却迎来了国家的硝烟弥漫、炮火纷飞、妻离子散，一幕幕人间悲剧不断上演。与此同时，叙利亚在以美国为首的西方国家的干预下，现在依然生活在炮火与硝烟之中，这就是美国要给中东、北非地区带去的"民主、自由、人权"。

以美国为首的西方国家在"民主自由"方面有双重标准。西方国家在推动科索沃的独立方面的大力支持，与加泰罗尼亚脱离西班牙过程中的全面反对，全面体现出以美国为首的西方国家在"民主自由"等问题上实行的双重标准。所谓"民主自由"价值理念也受到极大质疑，新时代需要新的价值理念引领国际社会走向正规。

（三）人类面临诸多传统和非传统安全问题

当前，人类社会面临诸多传统安全和非传统安全的困境和挑战。经济全球化使各国的相互依赖不断加深，信息社会化迅猛发展使世界各国的距离再次拉近。相互依赖的各国与全球一家的世界并没有迎来新的国际体系和全球治理理念，即原有的国际制度与国际体系以及全球治理无法适应当前世界的发展。由此，产生了一系列单一国家无法有效应对的全球性问题。国际恐怖主义、网络安全、跨国犯罪、重大传染性疾病防治、生态环境恶化、国际金融危机尚未消退，形形色色的保护主义明显升温等威胁相互交织，致使人类社会面临诸多挑战。

恐怖主义是人类社会的公害，打击恐怖主义需要国际社会的共同努力。随着全球化的深入发展，恐怖主义的发展也呈现国际化特征。一方面，先后崛起的塔利班、基地组织等恐怖组织人员构成呈现国际化趋势，即很多成员都来自诸多地区和不同国家的极端势力；另一方面，这些恐怖组织暴恐活动也呈现跨区域、多国家活动的特征。此外，随着互联网的深入发展，很多自媒体成为诸多恐怖组织、恐怖势力传播暴力恐怖思想的舞台，使恐怖主义发展也呈现全球化蔓延的趋势。

国际网络安全问题日趋复杂化。随着大数据、物联网、区块链、人工智能等新技术的广泛应用与发展，产生了大数据技术滥用、数据泄露、技术漏洞以及智能犯罪等问题，成了新的国家安全问题与国际安全问题。互联网技术全球化深入发展在于其能够实现跨疆域、跨国界的技术特性，互联网使人类提前进入了"地球村"时代。与此同时，互联网的深入发展也充分展现了它的两面性，即带来诸多利好的同时，也带来了一定的副作用，即互联网这一技术特性如果使用不好、维护不利，又会成为现代国家安全的重大威胁。这种安全威胁主要体现在三个方面：一方面，这将呈现为对国家关键基础设施安全的威胁。当前，信息化是时代发展的潮流，以互联网为基础，国家相关基础设施建设是现代化建设的重要标志。另一方面，则呈现为对国家意识形态、主流价值、主流文化等形成的冲击与威胁。意识形态问题关乎旗帜问题，关乎举什么旗、走什么路的重大国家政治安全问题。主流价值和主流文化是一个国家、一个民族的历史传承，要灭亡一个国家、一个民族，首先就要灭其历史与文化。近年来，网络空间出现的历史虚无主义、民族虚无主义，都试图对我国主流价值、主流文化形成解构，其险恶用心不言自明。第三方面是对国家网络安全的威胁。当前，国际网络空间已呈现网络空间全面政治化以及网络空间的政治博弈，甚至网络空间技术革新都呈现大博弈趋势。事实上，网络空间安全已成为世界各国维护国家安全的重要组成部分。

全球性重大传染性疾病需要世界各国共同应对。有文字记载以来，人类历史上已发生过无数次重大传染性疾病，如天花、鼠疫、黑死病、霍乱等，但因现代交通技术尚未出现，所以并未出现全球性的蔓延条件。随着现代技术工业、交通业、航海航天业的出现，人员在全球的迅速流动让一些传染性疾病开始呈现全球迅速蔓延趋势。21世纪以来,全球"一家人""地球村"时代的到来更加剧了这一趋势,如"非典"(SARS)、禽流感、猪流感、H7N9、H1N1、埃博拉、新冠疫情(COVID-19)等重大传染性疾病让人类再一次深刻体会到英国作家约翰·多恩的经典:"不要问丧钟为谁而鸣,丧钟为你而鸣。"2019年年末,中国武汉暴发新冠疫情(COVID-19),中国国内在全力防疫的同时,竭尽全力阻断病毒向外蔓延。一方面,及时向外界通报疫情进展;另一方面,采取积极措施接回中国在疫情出现前后的出境人员等。中国所采取的一系列防控防疫措施得到国际社会的广泛认可,也成为国际社会共同防疫抗疫的范例。与此同时,"钻石公主号"邮轮及以美国为首的西方国家疫情的蔓延则又给某些自私的国家上了一课,即在"地球村"时代疫情之下无"完卵"。

此外,人类面临着全球气候变暖、臭氧层破坏、大气污染与酸雨、有毒有害物质跨境转移等全球生态问题。全球生态恶化已成为每一个国家、每个人无法回避的现实问题,其需要世界各国共同维护。与此同时,国际社会中霸权主义、强权政治以及新干涉主义逆流而上。可以说,传统安全与非传统安全相互交织,导致中东地区国家几经陷入混乱。全球生态问题是人类社会的发展问题,霸权主义、强权政治和新干涉主义则是政治问题,但无论是发展问题,还是政治问题,都是一些全球性问题。全球性问题的解决则意味着需要世界各国通力合作,世界各国通力合作的基础就是共同的利益、共同的价值与理念。利益共同体的提出,为人类社会有效解决这些全球性问题提供了根本遵循。

(四)国际社会未来发展需要"中国方案"

自人类社会产生以来,战争一直萦绕在人们的耳边,战争与和平似乎成为人类永恒的话题,但人类从未停止过对和平道路的努力寻找与探索。近现代以来,无数先贤努力思考关于人类社会的未来:从霍布斯的"敌意"社会到洛克的"竞争"社会,再到康德的"朋友"社会,都是对人类社会未来进行的深入思考。

　　冷战结束后，社会主义在世界发展中遭受重大打击，仅剩以中国为首的5个社会主义国家。除中国以外，其他4个国家的经济总量、军事能力、国际影响力等都非常有限，即便是冷战结束时中国自身的综合国力也非常有限。日裔美籍学者弗朗西斯·福山认为，自由民主制度将是"人类意识形态发展的终点"。因而，"霸权稳定论""全球治理论""普世价值论"等关于人类未来发展方向的构想不断呈现。由美国麻省理工学院经济学家金德尔伯格提出的"霸权稳定论"，在罗伯特·吉尔平完善后成为美国对外政策的重要理论指导。"霸权稳定论"主张由一个无所不能的超级大国来统领国际事务。"全球治理论"则主张世界各国弱化国家主权，共同制定规则、制度来管理整个国际事务。尽管全球治理理论的提出是顺应世界发展趋势的内在要求，然而，现实是在这个以美西为首的霸权主义和强权政治横行的时代，联合国"一票"难求，世界各国很难接受在自身权益无法得到有效保障的条件下让渡更多的主权。"普世价值论"则主张推广某一种自认为"先进"的价值观和社会制度来一统天下。然而，现实并不是如此美好！美国领导下的单极世界构想既不符合盟友日本和欧洲的需要，也不符合世界各国的利益。2003年，世界各国一致反对美国对伊拉克进行军事打击，这可以被视为美国构建单极世界梦想破产的外在表现。近些年，美国先后"退群"联合国海洋法公约、国际刑事法院规约、反弹道导弹条约、伊朗核问题全面协议、跨太平洋伙伴关系协定、巴黎气候变化协定、联合国教科文组织、联合国人权理事会，拒签《京都议定书》等，这是美国发现无法完成其构建单极世界构想的内在过激反应。

　　两极格局瓦解、单极构想破产、多极格局尚未形成，世界向哪里去，人类未来的方向在哪里等一系列问题摆在世人面前。与此同时，社会主义中国在经历了一段挫折之后，创造出一系列奇迹：1998年抗洪救灾、汶川和玉树抗震救灾、世界第二大经济体、南水北调工程、世界最大的减贫工程以及全民众志成城共同抗击非典、新冠疫情所体现出的团结力和凝聚力等，这就是中国方案、中国模式形成的时代背景、社会背景，也是人类命运共同体形成的国内背景。

人类命运共同体要以国家间的利益汇合点为基础,强化共同利益维度,通过共享利益强化共担责任意识,最终形成利益共同分享、责任共同担当、命运紧密相连的命运共同体理论,正是中国为人类社会开出的全球治理的"中国方案"。

（五）中国深化自身发展的同时积极承担国际责任与义务

中国的飞速发展正是得益于国际社会提供的诸多公共产品。中国发展起来了,也将努力为人类和平发展提供更多力所能及的贡献。近年来,在国际政治领域霸权主义、强权政治和新干涉主义抬头,以联合国为核心的国际政治秩序受到极大挑战。中国旗帜鲜明反对霸权主义、强权政治和新干涉主义的行为,坚决维护联合国在国际社会中的核心地位,坚决维护以联合国为核心的相关国际合作与国际机制的建设和完善。

改革开放40年来,中国经济飞速发展,成为世界第二大经济体,为世界经济增长年贡献率30%（近两年）左右。中国经济取得辉煌成就的同时,国家对外政策也由改革开放之初的"引进来"转变为当前的"引进来"和"走出去",中国发展红利不仅由中国人民共享,也为世界其他国家发展提供资金、技术、管理经验以及发展模式,与世界各国共同分享中国经济发展红利。与此同时,通过与美国、以美国为首的西方国家集团积极互动,推动世界经济向好发展。与新兴国家组建新开发银行、亚投行等国际金融机构,助力广大发展中国家社会经济良性发展,从而实现国际经济新秩序朝着更加公正、更加合理的方向发展。在对外关系方面,以"亲诚惠容"四字箴言作为中国周边外交宣言,以"真实亲诚"作为对非工作方针,以合作共赢作为构建新型国际关系的基本准则,全力践行"天下为公"和"寰宇一家"的人类命运共同体理念。这也正是中国提出与世界各国共同构筑利益共同体外交理念的时代背景。

总体来看,随着经济全球化、世界多极化的深入发展,文化多样化和社会信息化的持续推进,人类社会相互依赖程度日渐加深,各国相互依存程度空前,合作共赢已成为国际社会的广泛共识。与此同时，人类社会面临着传统安全和非传统安全等诸多难题和挑战，如以美国为首的霸权主义和强权政治屡屡挑战国际法的底线，不断挑起地区矛盾与冲突，国际恐怖主义、非典和新冠疫情之类的重大国际传染性疾病频发、生态环境持续恶化，国际金融危机尚未消退，形形色色的保护主义明显升温等威胁相互交织，致使人类社会面临诸多挑战，西方的自由民主价值理念已无法引领国际社会走向正轨，而新的环境、新的时代则需要新的价值理念引领。

三、构筑中国与中亚国家利益共同体的战略价值

中亚地区作为欧亚大陆的心脏地带，一直以来都是东西方、伊斯兰等不同文化的交流汇聚之地，无论是古代的波斯、阿拉伯、沙俄、大英帝国，还是当前的伊斯兰世界、俄罗斯、西方社会，在此都留下了深刻的文化印记。中亚地区作为欧亚大陆的中心地带，是联通中国与欧洲、西亚、南亚的重要区域，也是"丝绸之路经济带"西出欧洲、南下印度洋的必经之地。中亚特殊的地理位置及其特殊的历史渊源，使其在中国与世界各国构筑利益共同体进程中居于不可替代的重要地位，对与世界各国构建利益共同体起着示范、桥梁与推进的重要作用。

（一）对构筑不同文化制度间的利益共同体具有重要的战略示范作用

中国与中亚国家间两种不同制度、多种文化并存，且能够实现互利共赢的现实局面，为中国与世界其他地区国家构筑利益共同体提供了良好的示范作用。在西方社会乃至一个时期的国际社会中，一直都充斥着不同文明、文化的冲突论调，乃至成为不同制度、文化交流交往的严重障碍。

中华文化作为一种兼收并蓄的文化，历史上的佛教东传、"伊儒会通"、"西学东渐"、新文化运动、马克思主义和社会主义、市场经济的融入，无不体现出

中华文化的兼收并蓄。① 中亚地处欧亚大陆中心的特殊性造就了中亚区域文化的多元性。中亚区域广袤的草原、沙漠和半沙漠的地理状况，造就了中亚地区强烈的游牧文化、部落文化，并深深烙印在其民族文化基因深处。在伊斯兰教进入中亚之前，祆教、佛教、基督教等宗教都曾作为中亚区域民族的重要信仰，并由该区域传播至中国。伊斯兰教进入中亚，并成为中亚地区民族的主要信仰的同时，也开始传播至中国新疆及内地省份，并实现了伊斯兰教的中国化发展。19 世纪中后期开始，中亚地区又经历了斯拉夫化、苏联化的历史进程。随着苏联的解体，中亚地区文化多元性的特性再次体现。一方面，开始全盘接受西方民主、自由、人权等文化价值理念；另一方面，又开始复兴所谓突厥主义文化；同时，又不断推进伊斯兰化进程。可以看出，中亚地区民族文化发展进程其实也是一部丰富多彩的文化历史画卷。

尽管中国与中亚地区国家都有着丰富的历史文化，但这种多元文化并没有成为影响双方友好关系的障碍。反而，这种文化的多元化为双方交流互鉴提供了得天独厚的历史文化基础，成为继政治、经济、安全合作之外，最深入民心的合作领域。中国与中亚国家在两种不同制度、多种文化状态下的合作，不仅不存在西方所谓文化冲突，而且产生了共存、共生、共同发展的一种多元文化格局，为中国与其他不同制度、不同文化的国家构筑利益共同体起到了重要的示范作用。

（二）对构筑周边国家利益共同体具有重要的引领作用

中国与中亚国家推动"丝绸之路经济带"建设，为中国与周边国家构筑广泛的利益共同体提供了可资借鉴的经验与示范作用。中亚国家不仅是中国的周边国家，也是上海合作组织的创始成员国。在上海合作组织发展进程中，中国与中亚国家在政治、经济、安全以及人文合作中积累了诸多的经验与共识。可

---

① 习近平. 习近平谈治国理政：第三卷 [M]. 北京：外文出版社，2020：471.

以说，中国与中亚地区国家打造利益共同体具有诸多有利的先决条件。

如上所述，中国与中亚国家友好的历史往来与亲密的文化联系不仅为构建中国与中亚国家利益共同体提供了历史文化基础，同时，中国与中亚国家在政治、安全、经济等方面的合作也为双方构筑利益共同体提供了现实基础。上海合作组织的建设与发展是中国与中亚国家实现合作共赢最具代表性的产物。20世纪末21世纪初，中国与中亚国家以共同利益解决了双方边界的遗留问题，并形成了"上海五国"机制。随着边界问题的解决，跨国、跨地区毒品犯罪以及恐怖主义成为整个地区新的危害，中国与中亚国家基于共同利益把"上海五国"升级为"上海合作组织"，以解决跨国犯罪和区域恐怖主义问题。随着"上海合作组织"的日趋成熟，经济文化合作也成为重要合作领域。可以说，"上海合作组织"的建设成为中国与中亚国家合作共赢的一个重要成果。

新时期，为进一步推进中国与中亚国家在经贸上更为紧密、政治上更加友好、文化上交流互鉴的关系，习近平主席提出了"丝绸之路经济带"的倡议，为中国与中亚国家构建更紧密的关系提供了新的历史契机。中亚曾经最辉煌的时刻就是"古丝绸之路"辉煌的时候。随着大航海时代的到来，中亚作为"古丝绸之路"驿站的作用不复存在，中亚贸易的辉煌也烟消云散。"丝绸之路经济带"倡议的出世就中亚而言，是再次复兴"古丝绸之路"时期中亚辉煌的历史契机。在"丝绸之路经济带"倡议提出之后，得到了中亚国家的大力支持与积极响应。中国与中亚国家经贸往来再上新台阶，科技、人文、重大传染性疾病防治等方面的合作也取得重大突破。

可以说，中亚区域国家与中国有着悠久的历史往来，在现代国际场合又有着多重合作并且是中国周边国家，构筑好中国与中亚国家的利益共同体对中国与周边国家构筑利益共同体有举足轻重的示范效应。

（三）对构筑亚欧非国家利益共同体具有重要的战略枢纽作用

中国与中亚国家推动"丝绸之路经济带"建设，成为推动"一带一路"倡议打通与欧亚非国家构筑利益共同体的战略大通道，发挥着欧亚陆路"桥头堡"的作用。"丝绸之路经济带"倡议首先在中亚哈萨克斯坦提出并非偶然，中亚地区作为古丝绸之路重要中转站，为东西南北经贸往来发挥了不可替代的作用。新时期，中国在中亚提出"丝绸之路经济带"倡议，以复兴古丝绸之路之繁华，实现中国与中亚国家的互利共赢、中国和中亚国家与"丝绸之路经济带"国家的互利共赢，以共同应对国际贸易保护主义、逆全球化潮流、全球治理失衡等问题。

古丝绸之路的繁华曾将亚欧非三大洲完全连接起来，为三大洲国家经济贸易的共同发展提供了重要交流通道，形成了以经济贸易交流为主线，连动东西方在文化、艺术，甚至是政治与安全等领域的交流与互鉴，把南亚波斯文明、印度文明，甚至是古埃及文明、古巴比伦文明和古希腊文明连接起来送入东方中国。同时，古丝绸之路也将中华文明成果传至南亚、北非以及广大欧洲地区，成为东西方文明交流交融的重要国际通道。可以说，中亚地区是古丝绸之路的必经之地，是东西方及各种文化交流互鉴的重要交汇之地。新时期，中亚地区依然是"丝绸之路经济带"倡议推进欧亚非三大洲的重要支点，是"丝绸之路经济带"倡议联通西半球和南半球的重要通道，是中国与欧亚大陆国家构筑利益共同体打通"五通"的重要枢纽区域。在这种区域大合作格局中，除政策沟通、贸易畅通、资金融通和民心相通外，道路联通发挥了最基础的作用，不仅要实现中国与中亚大城市之间关键项目的公路、铁路等陆上交通网络和空中通道的畅通，而且要实现由中亚南下印度洋、西达西亚和西欧、北到波罗的海的国际运输大通道。

总之，构筑好中国与中亚国家利益共同体，对推动中国与不同制度和不同文化国家间利益共同体构筑、对中国与周边国家以及亚欧非国家构筑利益共同体具有重要的战略示范、引领和枢纽作用。

第二章

中国与中亚国家的利益交汇点

国家利益指在个人、社会、国家稳定发展并且受到保护方面国家内外需求的总和。维护国家利益是一个国家生存与发展的必要条件，是一个国家制定和推行对外政策的基本依据，更是一个国家对外活动的出发点和归宿。现实主义学派奠基人汉斯·摩根索则指出："只要世界在政治上还是由国家所构成，那么国际政治中实际上最后的语言就只能是国家利益。"[1] 中国与中亚国家经过30多年的交往与发展，已逐步形成共同的地缘政治利益交汇点，共同打击地区分裂主义、宗教极端主义和恐怖主义的利益共识以及加强地区经济交往和实现地区能源供给的共同利益需求。

一、中国与中亚国家有着共同的地缘政治需求

中亚地区作为欧亚大陆的心脏地带，历来是兵家必争之地。自中亚国家独立伊始，群雄逐鹿，但真正博弈者仅为美国和俄罗斯。19世纪中叶以来，中亚就成为俄罗斯国家安全的重要组成部分。美国博弈中亚，不仅打破地区地缘政治的平衡，而且形成了对俄罗斯的战略打压，搅动了中亚地区的局势，并将形成地缘上对中国的战略围堵。从国家安全的角度来看，维护地区地缘战略的平衡就是当前中国与中亚国家的共同利益。

---

① 摩根索. 政治学的困境 [M]. 北京：中国人民公安大学出版社，1990：54.

(一) 大国地缘政治博弈危及中亚与中国安全

中亚作为欧亚大陆的心脏地带从来都不缺乏世界大国的逐鹿。从中亚地区历史发展进程来看，阿拉伯帝国、蒙古帝国、奥斯曼帝国、沙皇俄国以及后来的苏联等先后对中亚地区进行过有效的统治。英国地缘政治学家麦金德曾断言："谁统治心脏地带，谁就控制了世界岛；谁统治世界岛，谁就控制了全世界。"①在麦金德的地缘战略思想中，"心脏地带"正是被称为"枢纽区"的广大中亚地区——离海洋最远的地方，是海上强国无法通过水陆达到的一个区域。

1991 年年末，中亚国家哈萨克斯坦、乌兹别克斯坦、吉尔吉斯斯坦、土库曼斯坦和塔吉克斯坦作为独立的国际行为体登上了国际舞台。中亚区域国家的独立，让这个近百年不为外界所染指的地区开始逐渐融入世界，并日渐成为东接中国、西连欧洲、北进俄罗斯、南下印度洋的国际枢纽区域，加之丰富的油气资源，使中亚地区成为世界大国竞相博弈之地。苏联解体后，中亚地区出现地缘政治真空，加之里海地区油气资源的巨大存量引起美国、欧盟、俄罗斯、日本、伊朗等域内外国家的广泛参与。尽管如此，但真正博弈者也只有美国和俄罗斯。

对美国而言，控制中亚不仅能够进一步把握世界经济发展的大动脉，还能够在俄罗斯"软腹部"楔入一个楔子，时刻撬动俄罗斯最柔软的部位，最终形成从西部、南部和西南部对俄罗斯的战略围堵。美国入驻中亚还可形成对伊朗的战略合围。自 1979 年霍梅尼革命后，美国与伊朗关系急剧恶化，已呈剑拔弩张之势。"9·11"之后，美国先后军事入驻阿富汗和伊拉克，已对伊朗形成左右夹击之势，南又有美国传统盟友沙特——伊朗死敌，美国掌控中亚必然会形成对伊朗的东西南北全面包围。如此来看，美国博弈中亚，从而形成西连欧洲，

---

① MACKINDER J. Democratic ideals and Reality [M]. New York：Henry Holtand Company，1942：62.

北遏俄罗斯，南抵伊朗，东围中国的战略局面，将对中亚地缘政治格局产生严重的影响。

对俄罗斯而言，中亚在其地缘安全全局中具有举足轻重的作用，被视为俄罗斯的战略安全"后院"。首先，要确保俄罗斯在中亚地区的主导地位，不使任何国家、组织单独控制中亚地区。俄罗斯对中亚地区的战略地位定位基本经历了四个阶段的演变：1991—1996 年，"甩包袱"阶段；1996—2001 年，修复与中亚国家的传统关系阶段；2001—2004 年，灵活务实的中亚门户开放政策阶段；2004 年至今，俄罗斯强势回归中亚的阶段。独立初期，俄罗斯受大西洋主义思想的影响，一度认为，中亚是俄罗斯经济上的"包袱"，政治上的"累赘"。从而采取"一边倒"倒向西方的外交战略，将中亚视为"包袱"而抛弃。正是这一段时期中亚地缘政治格局相对出现力量真空，中亚被称为地缘政治"黑洞"。1996 年，普利马科夫外长上台后，俄罗斯完全抛弃了唯西方马首是瞻的外交路线，实行东西方平衡的"双头鹰"外交战略，俄罗斯逐步恢复了对中亚的主导权。"9·11"事件发生之后，俄罗斯出于全局战略考虑，"允许"美军入驻中亚反恐，开启了美国全面进入中亚的步伐，从而使中亚地缘政治格局发生根本性的转换。与此同时，中亚及里海地区丰富的石油天然气资源引起了世界各大国对中亚地区的关注。如果说格鲁吉亚发生的"颜色革命"是一种偶然，那么乌克兰发生的"橙色革命"就是以美国为首的西方国家有意为之。俄罗斯在中亚与美国合作，其战略目的就是为了实现自彼得大帝以来就有的夙愿——融入西方世界。然而，"9·11"之后俄罗斯对美国的战略配合，甚至是让步，与俄罗斯独立之初的"一边倒"战略境遇颇为类似，但俄罗斯所做的一切只不过是一厢情愿而已。2004 年的北约东扩让俄罗斯的地缘政治空间丧失殆尽，"玫瑰革命"和"橙色革命""郁金香革命"让独联体地区谈选举色变。在"橙色革命"后，为确保中亚成为俄罗斯地缘政治的最后一道防线，俄罗斯开始强势回归中亚，并与相关国家联合严防"革命"再次发生。吉尔吉斯斯坦虽爆发"郁金香革命"，但并没有出现完全倒向西方的政权。乌兹别克斯坦发生"安集延"事件后，俄罗斯联合上海合作组织将美军从乌兹别克斯坦的汉纳巴德军事基地"逐出"。与此同时，俄罗斯在吉尔吉斯斯坦也动作频频。从吉尔吉斯斯坦的"郁金香革命"到近些年吉国政府的不断更替，其身后都有美俄的身影。因此，俄罗斯的中亚战略及其战略结果将深刻影响未来中亚的地缘政治格局及未来国际政治格局的发展走向。

其次，要确保俄罗斯主导的独联体集体安全体系的有效运行。独联体集体安全条约组织（Организация Договора о коллективной безопасности）由俄罗斯、白俄罗斯、亚美尼亚、哈萨克斯坦、塔吉克斯坦和吉尔吉斯斯坦六国共同组成，是俄罗斯维护国家安全的重要军事保障。由俄罗斯主导的独联体集体安全条约组织在维护地区安全方面，西部安全边界由俄罗斯的欧洲部分和白俄罗斯共同守卫，南部边界安全则由俄罗斯驻亚美尼亚部队与亚美尼亚国家特种部队共同保卫，东部及东南部则由俄罗斯、塔吉克斯坦、吉尔吉斯斯坦和哈萨克斯坦四国军队共同守卫。2022年年初，哈萨克斯坦国内发生骚乱，集体安全条约组织应哈萨克斯坦总统托卡耶夫的邀请进行维和，开启了集体安全条约组织的首次维和之旅。2022年，俄罗斯迎来了真正百年未有之大变局，前有哈萨克斯坦集体安全条约组织维和，后有俄罗斯与乌克兰战争。俄罗斯已退无可退，中亚地区国家的存在是独联体集体安全体系有效运行的根本保障，集体安全条约组织实现了中亚的首次维和行动，并且绝不会是最后一次。俄美博弈不仅仅体现在欧洲，未来的高加索、中亚必将迎来新一轮的博弈进程。

最后，要确保俄罗斯南部边界的安全。俄罗斯与中亚边境线长达7000多公里，但彼此间合法边界不足20%①，中亚地区的领土纠纷和武装冲突必然影响俄罗斯南部地区的边界安全。此外，中亚也是俄罗斯防御由阿富汗向其渗透国际恐怖主义势力以及毒品犯罪的重要安全屏障，甚至如有可能会成为俄罗斯南

---

① 杨鹏飞. 美俄在中亚的战略利益与地缘政治角逐［EB/OL］. 中国社会科学网，2018-03-23.

下印度洋的重要通道。

因此，中亚地区无论是对于寻求重振大国地位的俄罗斯，还是对于寻求维持世界霸权的美国，都具有十分重要的地缘政治、经济、军事安全价值，加大中亚博弈必然是双方的共同目标与追求。美俄博弈中亚，对中亚地区乃至中国新疆地区的安全与稳定产生严重影响。自 2005 年吉尔吉斯斯坦爆发"迎春花革命"以来，吉尔吉斯斯坦政局动荡已经成为常态。乌兹别克斯坦在"安集延"事件爆发后虽未经历大的波动，但近两年来美国不断加大与乌兹别克斯坦的合作。2016 年，美国将乌兹别克斯坦从违反人权国家黑名单中删除。2018 年，美乌达成开展军事技术合作的初步协议。与此同时，美方就乌兹别克斯坦加入欧亚经济联盟与加入世贸组织挂钩，即乌兹别克斯坦如加入欧亚经济联盟，美方将慎重考虑乌兹别克斯坦加入世贸组织的可能。反之，俄乌关系发展不进反退，乌兹别克斯坦从集体安全条约组织退出。除较封闭的土库曼斯坦相对稳定外，自 2005 年后哈萨克斯坦、塔吉克斯坦国内在美国的搅动下都发生着一些细微的变化。2022 年年初哈国政局动荡，也是充斥着大国博弈的痕迹。中亚地区局势稳定与否也直接关系着中国新疆地区的稳定与发展。历史上，沙俄入侵中亚并将其魔爪伸向了新疆，成为祸害新疆社会稳定与发展的最大因素。19 世纪 60—70 年代，中亚屠夫阿古柏祸乱新疆正是因为英俄博弈中亚的结果。苏联解体后，美国、欧洲、土耳其、中东地区等国家也积极参与博弈，导致中亚地缘政治形势复杂多变。特别是美国博弈中亚致使地区安全局势逐渐恶化，不仅对中亚国家、人民造成不同程度的危害，也对中国新疆地区的安全与稳定形成一定影响。

（二）美俄博弈中亚搅动地区局势不稳

21 世纪以来，中亚成为美俄博弈的一个重要国际舞台。俄罗斯将中亚作为其战略安全的"后院"，不允许外来势力染指。然而，"9·11"事件的发生打破了这一关系。美国通过军事入驻吉尔吉斯斯坦玛纳斯和汗纳巴德等军事基地，开始建立与中亚国家经济援助、军事技术、文化教育等领域全方位多角度的合作。毫无疑问，美国进入中亚，使中亚国家能源、军事安全等领域有了更多的选择。中亚国家开始加强与美国各方面的友好合作，俄罗斯的中亚"后院"不再是铁板一块。

从能源领域来看，中亚里海油气资源蕴藏量虽然丰富，但还远远达不到能够撼动其他世界能源大国的实力，且日开采能力有限。因此，对美国而言，中亚里海油气资源还远远达不到美国为此要大动干戈的地步，美国所要做的就是搅局——打破俄罗斯对中亚地区油气资源的垄断。美国进入中亚之前，中亚油气资源完全掌控在俄罗斯手中，在美国的推动下巴库—第比利斯—杰伊汉输油管线打通，中亚地区油气资源输出迈出了多元化的步伐，从而弱化了俄罗斯对中亚地区油气资源的控制。

在军事安全合作方面，一直以来美国不断加强与中亚各国的军事合作，不仅为中亚地区国家提供军事援助资金和军事装备等，还为中亚各国培训军事人员，并先后与乌兹别克斯坦建立了战略合作伙伴关系，与哈萨克斯坦签署打击恐怖主义、发展维护部队、加强哈萨克斯坦防空能力以及建立里海海军的军事合作计划等，甚至在哈萨克斯坦、吉尔吉斯斯坦和乌兹别克斯坦都曾建立过美国军事基地或军事中转基地。吉尔吉斯斯坦曾经在一个时期同时驻守了世界两大军事强国的军事基地：美国的玛纳斯军事基地和俄罗斯的坎特军事基地。美国的玛纳斯军事基地与俄罗斯的坎特空军基地相隔不过20公里，这种军事对弈的架势丝毫不加掩饰。

从现实角度来看，美国进入中亚，对中亚地区当权者而言，俄罗斯不再是唯一选择，中亚国家甚至能从美国得到更多的利益——油气资源不再被俄罗斯捏着，有了更多免费的军事援助资金、军事装备，军事力量得到一定程度提升，甚至国家能够得到更多的外汇收益——美军玛纳斯军事基地每起落一次飞机都需给吉尔吉斯斯坦政府交纳一定的费用，或许这正是被博弈所能得到唯一的、短暂的收益，而这些收益也仅对执政集团有益而已，而为此付出的代价将是收益的十倍、百倍，甚至更多，这些付出则需要全体人民来买单。

以吉尔吉斯斯坦为例，美俄是吉尔吉斯斯坦的两大博弈者，吉尔吉斯斯坦则是被博弈者。可以说，吉尔吉斯斯坦游走于美俄之间，吃了美国吃俄罗斯，两者通吃，来者不拒。甚至部分学者认为，中亚小国吉尔吉斯斯坦善于使大国平衡外交。正如毛泽东在新中国成立前夕就新中国外交战略所说："中国人不是倒向帝国主义一边，就是倒向社会主义一边，绝无例外。骑墙是不行的，第三条道路是没有的。"① 吉尔吉斯斯坦正是犯了大忌——骑墙。自 2005 年吉尔吉斯斯坦"颜色革命"之后，吉尔吉斯斯坦内乱从未停息，两任总统外逃，一任总统被控入狱，热恩别科夫总统任上被迫辞职。吉尔吉斯斯坦当前的乱局内外因素众说纷纭，但其核心在于吉尔吉斯斯坦政局成为美国、俄罗斯博弈的牺牲品，即亲俄政府上台，势必引起美国不满，进而推动反政府势力推翻当权政府，阿坦巴耶夫即为现实案例；亲美政府上台，势必引起俄罗斯的不满，亲俄政治精英或甚并非亲俄，只是站在反政府的一面，目的旨在推翻亲美势力（当权者）的政治推动力。吉尔吉斯斯坦各大政治集团背后或多或少都有着美俄的影子。因而，美国与俄罗斯在吉尔吉斯斯坦博弈不止，吉尔吉斯斯坦乱局将不会停息。美俄在吉尔吉斯斯坦博弈引发的吉尔吉斯斯坦政局动荡只是美俄中亚博弈的一角，新时期哈萨克斯坦或许将会成为美俄中亚博弈新的爆点，合适的时机、地点，这种政治博弈还会波及中亚其他国家。

美俄两方中亚博弈是传统意义上的零和博弈。所谓零和博弈，指参与博弈的各方，在严格的竞争下，一方的收益必然意味着另一方的损失，博弈各方的收益和损失相加总和永远为"零"，双方不存在合作的可能。通常我们讲博弈时，只探讨博弈者，很少有探讨被博弈者的。美俄在中亚博弈，博弈的结果是美国得到中亚或失去中亚，反之则为俄罗斯保卫住自己的中亚"后院"或失去自己的"后院"。我们只探讨了两个博弈者——美俄的得与失，对于被博弈者很少进行分析。为什么会如此？或许这正印证了霍布斯所讲的自然状态、达尔文

① 毛泽东选集：第 4 卷 [M]．北京：人民出版社，1991：1473．

的适者生存、丛林状态下弱肉强食、"弱国、小国无外交"的社会法则。两国博弈必然存在被博弈者，之所以成为被博弈者，原因只有一个，即弱于博弈者。在无政府状态下，被博弈者如何维护民族国家主权独立？这是所有小国、弱国面临的共同问题，但每一个小国和弱国所处的地域，拥有的资源禀赋，以及身边的邻居和面临的世界大国又有所不同。中亚是基督教文化、伊斯兰文化、斯拉夫文化、中华文化等文化汇聚之地，东临中国、北接俄罗斯、南达伊朗、西通欧洲，自古以来就是各方势力汇聚之地。当今世界，虽未出现过类似于瓜分波兰这样的历史事件，但是过于依附他国而丧失主权独立，沦为他国附庸的国家也不在少数。因此，对中亚国家而言，在美俄中亚博弈进程中，如何保持自身的独立性、保持民族国家主权独立及自由是当前以及未来面临的最大任务。

（三）美国博弈中亚形成对中国的地缘围堵

自张骞出使西域以来，中亚地区就与中国保持着友好的历史往来。中亚地区国家独立后，哈萨克斯坦、吉尔吉斯斯坦和塔吉克斯坦与中国西北边疆山水相连，各民族跨界而居。苏联时期遗留的边界问题在"上海五国"机制框架下得到了圆满解决。在新的历史条件下，中国与中亚国家及俄罗斯共同将"上海五国"升级为上海合作组织，在上海合作组织框架下形成了政治、安全、经济、教育、国际私法等多领域的合作，并形成了定期的首脑会晤机制、军事演习机制及反恐机制。

美国之所以能够军事入驻中亚，皆因全球反恐的时代大背景。随着国际社会逐步认清美国的国际反恐实质之后，美国的国际反恐大旗已经无迹引道。特别是美国在中东地区对"伊斯兰国"采取的反恐措施，让国际社会进一步认清其真实面目。2009 年，在上海合作组织介入下，美国玛纳斯军事基地从吉尔吉斯斯坦撤出，此处转为"玛纳斯"国际转运中心。随后，吉尔吉斯斯坦要求美军从此地完全撤离，并最终使美国于 2014 年完全撤离，如今的"玛纳斯"已变为一片荒地。与此同时，美军租借的乌兹别克斯坦汗纳巴德军事基地在 2013 年

6月也被关闭。如前所述，尽管美国当前在中亚已没有直接的军事力量存在，但美国依托阿富汗反恐之机遇与中亚国家所形成的军事、科技、文化等领域的合作，已撬动中亚的地缘政治版图，战略图谋不言而喻。

综上所述，美国博弈中亚，不仅打破地区地缘政治的平衡、国际政治的平衡，而且形成了对俄罗斯的全面地缘政治打压，不仅搅动了中亚地区形势，而且形成了从地缘上对中国的战略围堵。正所谓，大国博弈，小国受气。美国博弈中亚后果已经显现，从吉尔吉斯斯坦变局到哈萨克斯坦国内骚乱，给乌兹别克斯坦加入欧亚经济联盟设置障碍等，导致中亚地区国家在美俄战略博弈中谨言慎行。当前，美国以北约东扩为突破口、以欧盟东扩为推手，已经打破欧洲地缘政治平衡，导致俄罗斯与乌克兰战争爆发。实质上，俄乌战争就是美国打破地缘政治平衡后最直接的结果，其所有的后果都将由乌克兰人民、欧洲人民、俄罗斯人民所承受。因此，从自身国家安全的角度来看，中国与中亚国家在维护地区地缘战略平衡方面有着共同的利益交汇点。中亚区域国家作为独立的国际政治实体，有其保持主权与领土完整性的现实需求，中国作为中亚周边国家也需要中亚国家保持其主权的独立性。同时，中亚地区的安全与稳定也符合俄罗斯的战略需求以及俄罗斯国家安全的合理关切。

二、中亚地区"三股势力"是中国与中亚国家的共同打击目标

"三股势力"是对极端主义势力、暴力恐怖主义势力和民族分裂主义势力的简称，三者关系相互依托、密不可分。中亚地区的"三股势力"基本上都是以极端主义作为其指导思想，以暴力恐怖主义为手段，以推翻中亚地区世俗政权，建立一个包括中国新疆在内跨区域的宗教激进主义国家为目标，严重威胁中亚国家和中国主权与领土完整以及地区相关国家的社会经济平稳运行。

（一）中亚地区"三股势力"及其主要目标

20世纪末，随着宗教的全球复兴、东欧剧变以及苏联解体，隐匿在中亚地

区的"三股势力"纷纷亮相。中亚地区的"三股势力"为实现在整个大中亚地区建立所谓国家，开始以极端主义思想为指导，主张以暴力恐怖主义为手段，从而达到分裂、颠覆中亚当前国家的政治目标，给地区国家主权安全与社会稳定造成了极大威胁。

中亚地区"三股势力"的主要目标是推翻当地世俗政权，建立宗教激进主义国家。阿富汗战争爆发后，中亚地区的宗教极端组织在阿富汗战争中遭受重创，组织体系被完全打散。但之后不久，中亚地区的宗教极端组织在阿富汗的组织架构重新组建，不断积聚力量，将原有成员以及中东、高加索等地区的恐怖分子吸纳其中，组织迅速扩大，并将组织建设延伸到整个中亚地区，甚至把整个新疆区域也作为未来建国政治区划的一个组成部分。可见，中亚地区"三股势力"的政治行动目标已不仅仅是推翻世俗政权，建立宗教激进主义国家，而是要在整个"大中亚"①区域实现伊斯兰化——建立政教合一的所谓伊斯兰哈里发国家。

（二）中亚地区"三股势力"发展呈现国际化、聚合化、年轻化

随着全球化、信息社会化的深入发展，国际恐怖主义也呈现全球化发展趋势。特别是进入21世纪后，由于美国反恐的双重标准，使得国际反恐呈现越反越恐的尴尬局面。中亚作为美国曾经的反恐基地，不但没有因美国的反恐政策摆脱恐怖主义，反而深受其害。随着阿富汗战争的结束，阿富汗地区各种恐怖组织又重现抬头之势，甚至成为滋生恐怖主义的温床。美国在阿富汗反恐20年，阿富汗恐怖组织不但不减，反而呈现一定数量上的激增。目前，中亚与阿富汗边界已成为诸多恐怖组织残余势力的栖身之地，巴基斯坦、塔吉克斯坦、乌兹别克斯坦等中亚地区成为部分恐怖组织残余势力活动的范围。与此同时，

---

① "大中亚"是美国霍普金斯大学中亚问题专家斯塔尔于2001年8月在《外交》季刊上提出的一个概念，其目的在于同美国的大中亚计划促进相关国家地区发展与民主改造，"大中亚"区域大致包括阿富汗、印度、土耳其等。

美国阿富汗反恐期间偃旗息鼓的中亚恐怖势力也开始复活，并呈现跨区域发展趋势，对整个中亚地区社会秩序和政治安全造成一定影响。

中亚"三股势力"呈现跨区域活动特征。中亚"三股势力"从成立之初就具有跨国、跨区特征。美国发动阿富汗反恐战争后，中亚"三股势力"都派遣了大批成员参与对美军的作战。美军在阿富汗昆都士的反恐战役中就抓获了十多名来自中亚的"三股势力"成员。此后，在叙利亚内战中，来自中亚的"三股势力"则成为反叙利亚政府的一股重要力量。2019 年 6 月，上海合作组织成员国元首理事会通过的比什凯克宣言指出，"恐怖主义和极端主义思想通过互联网等方式传播，境外恐怖分子回流……要求国际社会高度重视，并开展紧密协调和建设性协作"①。很显然，随着全球化的发展，中亚地区"三股势力"的发展也呈现从局部向整个地区扩展的趋势，中东、欧洲，甚至美国也将成其活动范围。2021 年，美国从阿富汗撤军后，美国国内多次遭遇暴恐袭击，美国国内人士指责美国政府国际反恐波及国内社会安全。

中亚"三股势力"呈合流之势。中亚地区"三股势力"自成立之日起就有着许多共同之处，如政治目标的趋同，从事分裂的手段——极端思想宣传、暴恐手段基本一致。因此，彼此就狼狈为奸、沆瀣一气。各恐怖组织从成立到发展壮大，尽管保持着一定的独立性，但彼此之间以及与域外恐怖势力的联系从未断过。域外恐怖组织及政权都曾为中亚地区"三股势力"提供了大量的武器弹药、交通工具、通信设备等。

中亚地区"三股势力"呈现政治化、年轻化趋势。"9·11"事件之后，中亚地区"三股势力"逐渐向社会各个角落渗透。部分"三股势力"甚至已渗入塔吉克斯坦地方政权，有些恐怖组织成员直接渗入县乡级政府，州级政府也开

---

① 上海合作组织成员国元首理事会比什凯克宣言（全文）［EB/OL］. 新华网，2019-06-15.

始有其利益代言人①，甚至发展到陆军军队内部②。甚至于拜科努尔航天发射中心城市、俄罗斯驻塔吉克斯坦的201摩步师也遭到渗透。③ 在中亚地区，一些年轻人、受过高等教育的大学生和知识分子越来越多受到极端思想的蛊惑参与"三股势力"的犯罪活动。根据哈萨克斯坦学者 М. Шибутов 的统计，从2008年至2013年间，被指控有恐怖主义罪行的168人犯罪年龄普遍偏低，绝大部分都不超过29岁。④ 萨尼亚·萨格涅娃（Сания Сагнаева）指出，大部分组织成员是生活困难的普通人和失业的年轻人，其年龄大致在20～35岁之间。⑤ 保加利亚大学教授德伦兹娜曾对中亚地区国家籍的武装分子做过调查发现，一是受教育程度高，二是年纪都比较轻：最小26岁，最大也不过36岁。实际上，很多年轻人思想激进，关键问题在于"他们分辨不清什么是萨拉菲和萨拉菲极端主义，追逐极端思想在年轻人中成为一种潮流"⑥。这些人中绝大部分都是涉世不深的普通高校大学生或宗教学校的大学生。

总体来看，中亚地区"三股势力"未来发展将呈现以下趋势：一是活动范围、活动规模、活动破坏力日趋增大，已由原来在单一国家或邻近国家从事暴力恐怖活动，到覆盖整个中亚地区国家，再到跨区域活动。二是中亚"三股势力"暴力恐怖活动由秘密转向公开，"9·11"事件之后，又由公开逐渐转向秘

---

① 杨倩.当前中亚地区宗教极端势力活动的主要特点、趋势及影响［J］.和平与展望，2011（5）：26-30，71.

② 赵龙庚.中亚"三股势力"再度活跃与我们的战略应对［J］.和平与发展，2004（4）：44-47，43，58.

③ 杨恕，林永锋.中亚伊斯兰极端主义［J］.俄罗斯中亚东欧研究，2008（5）：62-70，96.

④ Шибутов М. Статистика казахстанского терроизма［EB/OL］. Vlast，2012-08-31.

⑤ Сания Сагнаева，"Регигиозно-оппозиционные группыв Кыргызстане：Хизб-ут-Тахрир"，《Регигиозный Экстремизмв Центральной Азии：проблемы и персрективы》，Организация по безопасности и сотрудничеству в Европе Миссияв Таджикистане，Материалы конференции，Душанбе，25 апреля 2002г. с. 65.

⑥ 苏畅.论中亚安全威胁因素的集聚效应［J］.俄罗斯东欧中亚研究，2018（1）：116-135，158.

密，但其在普通民众中的影响越来越大，危害性也将更强。三是中亚"三股势力"与国际恐怖势力合流的趋势日趋明显，"三股势力"活动呈现国际化的倾向。四是中亚"三股势力"活动呈现网络化、年轻化以及妇孺化特点。现代网络技术的广泛普及为中亚地区"三股势力"沟通、串联、宣传与培训提供了极大的便利，特别是一些善于掌握现代网络技术的青少年以及家庭妇女成为最大的受害者。为此，2020年11月，上海合作组织元首理事会发表《关于打击利用互联网等渠道传播恐怖主义、分裂主义和极端主义思想的声明》，指出加强打击利用互联网传播恐怖主义思想的必要性。

（三）中亚"三股势力"危害地区社会经济健康发展

"三股势力"的暴力恐怖活动影响中亚国家社会秩序健康运行。"三股势力"在中亚地区活动的目的就是不断"搅局"，扰乱中亚地区国家有序运行的社会秩序。"9·11"事件前，"三股势力"在乌兹别克斯坦制造多起针对前总统卡里莫夫的暴力恐怖暗杀活动。1999年2月，"三股势力"在塔什干多地制造多起爆炸恐怖活动，炸死、炸伤超过百人。1999年8月"巴肯特事件"中，"三股势力"1000多名匪徒由阿富汗进入塔吉克斯坦，再转入吉尔吉斯斯坦南部巴肯特山区，劫持了吉尔吉斯斯坦内务部长以及日本地质专家等20多人，提出以人质交换关押在乌兹别克斯坦监狱的"5万名伊斯兰兄弟"，并提出要求借道进入乌兹别克斯坦推翻"卡里莫夫政权"。① 2000年8月，"三股势力"武装匪徒100多人，由阿富汗借道塔吉克斯坦进入乌兹别克斯坦苏尔汉河州梅尔克米地区的几个村庄。② 2006年，"9·11"事件发生5周年之际，中亚乌兹别克斯坦前总统卡里莫夫、吉尔吉斯斯坦前总统巴基耶夫和塔吉克斯坦前总统拉赫曼尼诺

① 陈明山．伊斯兰极端势力在中亚的活动情况［J］．国际资料信息，2001（12）：27-29，33.
② 梅尔克米地区的这几个村庄地处乌兹别克斯坦、塔吉克斯坦和吉尔吉斯斯坦三国交界处。

夫都收到了来自中亚"三股势力"的死亡威胁。"三股势力"选择这个时机就在于搅局地区局势，"导致吉尔吉斯斯坦的总统和总理下台，破坏塔吉克斯坦正在进行总统选举的内部局势"①。2005年5月，在吉尔吉斯斯坦爆发"颜色革命"后，中亚地区"三股势力"的分支机构"阿克罗米尔"制造了震惊内外"安集延事件"。据相关统计，从2008年至2011年，哈萨克斯坦因恐怖主义而发生危害公共安全的人数由9人激增到33人。2012年上半年，由恐怖主义所引发社会公共安全的人就达到79人，与2008年相比增长了将近9倍。②

　　2005年，吉尔吉斯斯坦发生"颜色革命"后，该国已经成为中亚地区"三股势力"活动的天堂，"民主"与"自由"得到了充分的"保障"。对此，国际危机组织中亚地区负责人保罗·奎因指出，吉尔吉斯斯坦动荡的局势成为地区"三股势力"积聚力量的契机，将对政局稳定产生强烈影响。③ 可以说，中亚地区"三股势力"的发展，不仅深刻地影响着中亚地区政治稳定，社会秩序的运行，也对中国新疆形成严重影响。中亚地区国家独立后，教育水平逐渐下降，各国政府在教育方面投入有限，宗教教育缺乏正确引导。由于"三股势力"的不断渗透，在许多农村地区和乡村，"三股势力"成员成为宗教教职人员，中亚地区信教群众对原有社会生活，甚至是宗教传统都产生了质疑，尤其对年轻人的价值观影响十分严重。哈萨克斯坦学者卡纳菲纳（Ж. Канафина）指出，在哈萨克斯坦一些大城市，在网络层面上已经出现按伊斯兰教教义着装、行为的诸多呼声，形成与现行社会文化传统完全对立的局面，尽管这种对立只局限于网络，但谁也无法保证这种尖锐的意识形态之争不会变成现实斗争。④ 易卜拉

---

① 章田，雅龙. 乌兹别克伊斯兰运动头目威胁杀死三位中亚总统［EB/OL］. 搜狐新闻，2006-09-14.

② Шибутов М. Статистика казахстанского терроризма［EB/OL］. Vlast，2012-08-31.

③ 杨倩. 当前中亚地区宗教极端势力活动的主要特点、趋势及影响［J］. 和平与展望，2011（5）：26-30，71.

④ Ж. Канафина：Казахстан переживает настоящий бум ислам-изации［EB/OL］. Центр Азия，2011-03-28.

欣·乌斯莫诺夫（Иброхим Усмонов）认为，极端宗教思想不仅改变了部分人的价值观，甚至有许多年轻人认为，加入这些宗教极端组织是一种宗教虔诚的表现、爱国的表现。①

"三股势力"挑拨民众与政府间的冲突。"9·11"事件之后，"三股势力"开始转变策略，不仅仅是发动恐怖袭击制造社会动乱，而且开始把部分精力放在利用地区国家内部政治、经济和社会矛盾方面，以"反腐败，寻求社会公正"等为旗帜，制造民众与政府的矛盾，恶化地区社会政治环境，以此来为其制造更多的机会。中亚学者伊博尔·米尔赛托夫（Икбол Мирсаитов）指出，地区"三股势力"已针对中亚地区的"与地方官员腐败以及违法行为"制订了专门的计划，旨在通过这些事件来获取普通民众的支持。② 2010 年 6 月，吉尔吉斯斯坦南部城市奥什和贾拉拉巴德等地爆发吉尔吉斯族和乌兹别克族冲突，导致70 多人死亡，近千人受伤。

此外，"三股势力"的活动必然会深刻影响地区社会发展与经济复兴。由于其极端思想及其暴力恐怖活动，"三股势力"不仅惑乱人心，而且深刻影响地区经济发展。中亚国家独立已有 30 余年，除哈萨克斯坦外，中亚其他国家社会经济发展依然处于较为落后的国家之列，这不仅有自然条件的原因、社会制度的选择，也有解体后的社会动荡、政局不稳，更有"三股势力"的破坏。当前来看，"三股势力"的破坏是影响中亚地区社会经济发展进程的一个重要因素。

（四）中国与中亚国家有着共同打击地区"三股势力"的现实需求

中亚地区"三股势力"是中国与中亚国家共同的敌人。在上海五国时期，

---

① ЗАЙФЕРТ А. К, КРАЙКЕМАЙЕР А. О СОВМЕСТИМОСТИ ПОЛИТИЧЕСКОГОИ СЛАМА И БЕЗОПАСНОСТИ В ПРОСТРАНСТВЕ ОБСЕ: ДОКЛАДЫ СВЕТСКО. - ИСЛАМ ДИАЛОГА В ТАДЖИКИСТАНЕ [EB/OL]. НАУЧНАЯ ЭЛЕКТРОННАЯ БИБЛИОТЕКА, 2003: 269.

② Икбол Мирсаитов: Активности "Хизб-ут-Тахрир" необходимо противодействовать идеологически [EB/OL]. Информационное агентство《Фергана. Ру》, 2006-04-25.

中亚地区"三股势力"的暴力恐怖活动已开始危及中国与中亚国家的国家安全与社会稳定。早在上海五国时期，打击恐怖主义、极端宗教主义和民族分裂主义就已成为中国与中亚国家的共同议题。上海合作组织成立后，打击宗教极端主义、暴力恐怖主义和民族分裂主义就成为中国与中亚国家维护地区安全的合作重点。近年来，域外"三股势力"的兴起与覆灭，都对中亚地区产生严重影响。域外"三股势力"兴起时，来自中亚地区恐怖势力及被极端思想蛊惑的青年赴中东地区参与作乱。域外"三股势力"覆灭后，来自中亚地区的恐怖分子及曾被洗脑的青年又回流中亚国家。与此同时，被打散的域外"三股势力"武装分子通过各种方式潜入中亚周边地区作乱。目前，来自外部恐怖势力已渗入中亚地区，与中亚"三股势力"呈合流之势，对中亚地区及中国西北边疆形成重大安全威胁。对此，中国与中亚国家领导层及相关安全执法部门达成了高度的政治共识，为打击地区"三股势力"开展国际安全合作奠定了坚实的政治基础。

上海合作组织成立后，中国与中亚国家就打击地区"三股势力"形成了广泛共识，并共同签署了打击"三股势力"的制度性文件——《打击恐怖主义、分裂主义和极端主义上海公约》。中国与中亚国家在制定《打击恐怖主义、分裂主义和极端主义上海公约》时，对恐怖主义、分裂主义、极端主义做出了明确的法律上的界定："恐怖主义是指致使平民或武装冲突情况下未积极参与军事行动的任何其他人员死亡或对其造成重大人身伤害、对物质目标造成重大损失的任何其他行为，以及组织、策划、共谋、教唆上述活动的行为，而此类行为因其性质或背景可认定为恐吓居民、破坏公共安全或强制政权机关或国际组织以实施或不实施某种行为，并且是依各方国内法应追究刑事责任的任何行为。"[1]分裂主义是指："旨在破坏国家领土完整，包括把国家领土的一部分分裂出去或

---

[1]　国务院. 打击恐怖主义、分裂主义和极端主义上海公约［EB/OL］. CCTV, 2006-05-29.

分解国家而使用暴力,以及策划、准备、共谋和教唆从事上述活动的行为,并且是依据各方国内法应追究刑事责任的任何行为。"① 极端主义是指:"旨在使用暴力夺取政权、执掌政权或改变国家宪法体制,通过暴力手段侵犯公共安全,包括为达到上述目的组织或参加非法武装团伙,并且依各方国内法应追究刑事责任的任何行为。"② 中国与中亚国家签署的上述文件,对恐怖主义、极端主义和分裂主义所做的清晰界定,为双方在打击地区"三股势力"方面奠定了坚实的法律基础。随后,中国与中亚国家就打击地区"三股势力"又签署了一系列相关法律文件:《中华人民共和国和吉尔吉斯共和国关于打击恐怖主义、分裂主义和极端主义的合作协定》《中华人民共和国和哈萨克斯坦共和国关于打击恐怖主义、分裂主义和极端主义的合作协定》《中华人民共和国和塔吉克斯坦共和国关于打击恐怖主义、分裂主义和极端主义的合作协定》《中华人民共和国和乌兹别克斯坦共和国关于打击恐怖主义、分裂主义和极端主义的合作协定》《中华人民共和国和土库曼斯坦关于打击恐怖主义、分裂主义和极端主义的合作协定》。随着国际反恐行动不断推动,中亚地区"三股势力"生存空间日益狭窄,"三股势力"为拓展生存空间利用地区毒品犯罪活动获取活动资金的现象日益突出。对此,上海合作组织制定了《〈2011—2016 年上合组织成员国禁毒战略落实行动计划〉 2013—2014 年措施计划》,以此剪断地区"三股势力"的资金来源,进一步维护了地区社会稳定与发展成果。

2015 年以来,中国与中亚国家在上海合作组织框架下多次召开会议,就共同打击地区恐怖主义、极端主义和分裂主义进行磋商,并形成了《上海合作组织地区反恐理事会提交元首理事会的 2014 年工作报告》《成员国打击恐怖主义、分裂主义和极端主义 2016—2018 年合作纲要》《上海合作组织成员国打击恐怖

---

① 国务院.打击恐怖主义、分裂主义和极端主义上海公约 [EB/OL].CCTV,2006-05-29.

② 国务院.打击恐怖主义、分裂主义和极端主义上海公约 [EB/OL].CCTV,2006-05-29.

主义、分裂主义和极端主义2022至2024年合作纲要》等规范性文件。2019年6月，上海合作组织成员国元首理事会通过的比什凯克宣言指出，"恐怖主义和极端主义思想通过互联网等方式传播，境外恐怖分子回流，大规模杀伤性武器扩散……要求国际社会高度重视，并开展紧密协调和建设性协作。……消除上合组织地区安全和稳定威胁，指出《上合组织反极端主义公约》现已生效"①。2020年11月，上海合作组织元首理事会发表《关于打击利用互联网等渠道传播恐怖主义、分裂主义和极端主义思想的声明》。

中国与中亚国家就打击地区恐怖主义、极端主义和分裂主义所签署的一系列规范性法律文件，对双方共同打击地区"三股势力"具有重要的现实意义。这些法律性文件不仅对"三股势力"做了清晰的界定，还对双方共同关心的诸多问题做了细致的规定，为中国与中亚国家联合反恐开启了新的历史篇章。特别是哈萨克斯坦、吉尔吉斯共和国和塔吉克斯坦与中国新疆交界，由于地缘及历史因素影响，双方人员来往密切，这也给恐怖分子带来极大便利。中吉、中哈和中塔间签署打击恐怖主义的协定，对维护地区安全与稳定具有重要意义和深远影响。同时，也是对共同签署联合打击恐怖主义法律文件的重要实践。随着中亚地区"三股势力"对整个地区安全威胁的变化与升级，中国与中亚国家在巩固原有双边、多边合作机制的前提下，继续加强双边和多边安全合作机制、情报交流机制以及地区统一的反恐数据库，并发掘更多领域的有效合作，努力提高区域安全合作与集体安全的有效性。此外，随着互联网技术的深入发展，国际互联网、移动通信技术已经成地区"三股势力"实施暴力恐怖活动的重要手段，维护地区国家网络安全也成为中国与中亚国家近些年打击"三股势力"重要合作领域。

综合来看，中亚地区"三股势力"为实现其政治目标，以伊斯兰教极端主

---

① 上海合作组织成员国元首理事会比什凯克宣言（全文）［EB/OL］. 新华网，2019-06-15.

义思想作为最主要的思想武器，并在普通民众中的影响越来越大，特别是年轻
人和妇女成为其主要发展对象。网络信息化发展则为中亚"三股势力"宣传极
端思想、组织串联和培训带来巨大便利。中国与中亚国家建立上海合作组织以
来，在反恐领域进行合作以及签署共同打击地区"三股势力"法律性文件，充
分说明中国与中亚国家在打击地区"三股势力"方面有着极其重要的利益交
汇点。

三、中国与中亚国家具有能源供给多元化现实需求

能源关乎一个国家社会经济发展的命脉，能源供给的多元化是世界各国国
家安全、可持续发展的重要支柱。① 自 20 世纪 90 年代以来，随着中国经济的飞
速发展，中国能源需求与供给之间矛盾不断加大，能源供给多元化已成为中国
现实发展的战略需求。中亚里海地区能源储量丰富，被誉为"第二个波斯湾"。
中亚国家独立之后，由于苏联时期能源出口管线老化以及可能会出现被俄罗斯
卡脖子的能源出口风险，中亚国家一直努力实现能源出口的多元化。很显然，
中国与中亚国家在能源进口与出口之间，存在着共同的能源供给多元化现实利
益需求。

（一）中亚——中国能源进口来源多元化的现实需要

自中国成为世界第二大石油进口国以来，中国能源需求越来越旺盛，能源
进口基本持逐渐递增的趋势。从当前中国社会经济发展面临的外部环境来看，
中美结构性矛盾越来越突出，美国已开始从各个方面对中国进行遏制与直接的
打压。能源自广泛应用于现代社会经济领域后，就被能源拥有国，特别是世界
霸权国家作为一项战略武器进行使用，美国甚至为此发动了两次伊拉克战争。
根据中国石油新闻中心相关统计数据，"2018 年，中国石油进口量为 4.4 亿吨，

---

① 文中能源特指石油、天然气。

同比增长 11%，对外依存度为 69.8%；天然气进口量为 1254 亿立方米，同比增长 31.7%，对外依存度为 45.3%"①。《石油商报》报道，"2019 年原油进口达 5 亿吨，同比增长 9.5%，对外依存度达 72.5%，石油对外依存度达 70.8%，天然气进口量达到 1373 亿立方米，增速为 9.4%，对外依存度达 45.2%"②。2020 年上半年，我国石油对外依存度达到创纪录的 73.4%。可见，短期内中国对外能源依存度不会有大幅下降的可能，如何确保中国的能源安全将继续成为中国国家安全的重要组成部分。

能源安全作为中国社会经济运行的基石，当前中国石油、原油对外依存度达到了 70%，天然气对外依存度也呈现逐年递增的趋势。尽管近些年，中国不断大力推进绿色能源项目，但中国能源需求度持续走高，对外依存度也呈现历史之最的态势。一旦国际风云突变，中国能源供给结构或能源安全将存在诸多安全隐患。这种安全隐患主要表现为中国能源进口的 70%~80% 都集中于中东、北非地区，且能源运输都要经过海上运输并过境马六甲海峡。此外，中国能源进口基本依托国际油轮运输，这对维护国家能源安全而言有着致命的安全隐患。中国自超越美国成为世界能源消费最大国以来，为了解决这些安全隐患，不断构建中国能源安全的多元化格局。

在石油领域，中国已实现东西南三面陆路原油管道建设项目，东部为中俄原油管道项目，西部为中哈原油管道，南部为中缅原油管道。中俄原油管道项目是中国境内第二条来自外部的陆路输油管线，该管线起自俄罗斯远东原油管道斯科沃罗季诺，由黑龙江漠河进入中国境内，最后到达大庆市，全长 999 公里。③ 中俄原油管道于 2011 年投产运行，年设计输入量为 1500 万吨。2018 年，中俄原油管线二期项目也正式投入商业运行，该项目的运行将使原有的 1500 万

---

① 中国能源安全面临三大挑战 [EB/OL]. 中国石油新闻中心，2019-10-28.
② 2019 年国内外油气行业发展报告 [EB/OL]. 石油商报，2020-03-13.
③ 中俄原油管道项目为俄罗斯远东原油管道项目的分支项目，俄罗斯远东原油管道始于泰舍特，途经斯科沃罗季诺，终点为科济米诺。

吨的年输入量提升到 3000 万吨。① 中国西部陆路原油管道——中哈原油管道，是中国首条由境外陆路进入中国的原油管道。中哈原油管道西起哈萨克斯坦西部的阿特劳，穿过哈萨克斯坦中部进入中国新疆阿拉山口，与中国内陆原油管道相贯通。中哈原油管道于 2006 年投产运行，年输入能力为 2000 万吨。中缅原油管道起点位于缅甸西海岸皎漂港，之后进入中国云南，经过贵州，最后进入重庆，全线长达 2402 公里。2015 年，中缅原油管道全线贯通并开始运行，该管线年设计输入量为 2200 万吨。

在天然气领域，中国已形成中亚—中国天然气西北大通道、缅甸—中国天然气西南运输通道、俄罗斯西伯利亚—中国东北天然气运输通道和中国海上液化天然气（LNG）运输的四大运输通道格局。中亚—中国天然气运输通道的气源主要来自中亚土库曼斯坦、乌兹别克斯坦和哈萨克斯坦三国，该管道由 A、B、C 三线组成，并最终合一进入中国新疆霍尔果斯，然后与中国国内"西气东输"二线、三线管网形成对接。中亚—中国天然气管道，年输入量约为 550 亿立方米。目前，来自中亚—中国天然气管道的天然气已进入中国内陆多个省份，甚至香港特别行政区的广大居民也用上了来自中亚—中国天然气管道的气。缅甸—中国天然气运输通道主要是进口缅甸西海岸的天然气，该管线与缅甸—中国的原油管道并行铺设，年输气量达 120 亿立方米，来自缅甸的天然气主要负责供应中国西南部地区。中国—俄罗斯西伯利亚天然气东北运输通道由俄罗斯科维克金和恰杨金气田进入中国黑龙江黑河。2019 年，中国—俄罗斯西伯利亚天然气东北运输通道管线正式投入运行，2020 年供气量达 50 亿立方米，随着该管线的中段和南段线路建成投产，年输气量最终可达 380 亿立方米。中国海上液化天然气（LNG）东南运输通道形成时间较早，1995 年广东就成为中国首个海上液化天然气（LNG）项目基地，2013 年中国首个浮式液化天然气接收站在

---

① 细数中国四大跨国进口石油管道：中哈中缅中俄中俄二线原油管道 [EB/OL]. 油气储运网，2017-05-05.

天津建成并投产，年处理能力达 220 万吨。2020 年我国 LNG 进口量达 6739.45 万吨，环比增长 11.12%。此外，中国正与土库曼斯坦、俄罗斯等国进一步筹建中国—中亚天然气管线 D 线和中国—俄罗斯西伯利亚管线方案，如此中国天然气进口多元化将进一步加强。

总体来看，为应对当前中国面临的能源安全困局，21 世纪以来中国通过陆路能源管线形成中国与中亚国家的西北能源安全通道、与俄罗斯形成东北能源安全通道，与缅甸共同构筑起中国西南能源安全通道。此外，随着瓜达尔港的投入运行，中国从中东、北非进口的石油将逐步摆脱必经马六甲的安全困局。由此可见，中亚地区能源进口是中国逐步实现能源进口及运输多元化的重要一环，直接决定着中国能源安全环境的变化。

（二）中国——中亚能源出口多元化的现实需求

中亚地区油气资源蕴藏量丰富，特别是里海地区，被称为"第二个"波斯湾。里海沿岸国家已将里海油气资源视为振兴国家社会经济发展的重要战略依托。从油气资源的分布来看，石油主要集中在哈萨克斯坦，已探明储量达 53 亿吨①，储量世界排名第 9 位，占世界石油储量的 3.2%，占中亚地区石油储量的 96%左右。目前，哈萨克斯坦石油产量在独联体地区仅次于俄罗斯，位居第二。2019 年，哈萨克斯坦跻身全球十大石油出口国之列，占全球石油出口总额的 3.3%。② 天然气主要集中于土库曼斯坦。土库曼斯坦国土面积的 80%都蕴藏着丰富的石油、天然气等资源。天然气远景储量达 22.8 万亿立方米，位于中东和俄罗斯之后，居世界第三位，约占全球天然气储量的 15.8%。③ 根据土库曼斯坦

---

①　哈萨克斯坦待发现石油储量 34 亿吨；乌兹别克斯坦待发现石油储量 6 亿吨，剩余可采石油储量 1 亿吨，世界排名第 46 位；土库曼斯坦待发现石油储量 18 亿吨，剩余可采石油储量 1 亿吨，世界排名第 45 位。

②　哈萨克斯坦跻身全球十大石油出口国之列 [EB/OL]. 商务部网站，2020-06-23.

③　孟庆璐. 从梦想走进现实——土库曼斯坦能源多元化战略解读 [J]. 中亚信息，2010 (11)：21-25.

国家天然气公司统计的最新数据，土库曼斯坦天然气总储量约为 50 万亿立方米。其中，卡尔克内什气田天然气储量为 27.4 万亿立方米①。此外，乌兹别克斯坦天然气远景储量达 6.6 万亿立方米，剩余可采天然气储量达 1.8 万亿立方米。哈萨克斯坦天然气远景储量达 10 万亿立方米，剩余可采天然气储量也达到 2.4 万亿立方米。

中亚地区被称为欧亚大陆的心脏地带，自然地理也是离海洋最远的地方，因而中亚地区丰富的油气资源出口面临着一定的难题。中亚国家独立之初，中亚的油气资源主要依赖苏联时期建造的能源管网输往欧洲，中亚的能源价格及出口量基本由俄罗斯掌控，中亚国家与俄罗斯的关系以及欧洲相关国家与俄罗斯的关系都会成为中亚能源价格及出口量的直接影响因素。为此，中亚国家开始努力寻求能源出口渠道的多元化战略。

目前，中亚国家能源出口多元化格局基本形成。哈萨克斯坦能源出口除原有的阿特劳—萨马拉输油管线外，新建了通往中国的中哈石油管道、输往欧洲的里海管道财团原油管道（Caspian Pipeline Consortium，CPC）。目前，哈萨克斯坦原油出口与原油管道对外出口能力基本持平。2013 年，哈萨克斯坦原油出口量为 7210 万吨，主要通过阿特劳—萨马拉原油管道、里海管道财团原油管道、中哈石油管道和阿克陶港对外出口。2018—2019 年，哈萨克斯坦原油出口量约为 1 亿吨，上述管道及港口外运能力达到 1.2 亿~1.3 亿吨，哈萨克斯坦原油运输通道运输能力已超越总体出口量。②

土库曼斯坦一直寻求能源出口的多元化，现已建成及正在建设多条能源外运通道。土库曼斯坦现已建成并开始运行的能源管道有土库曼斯坦—伊朗天然气管道、土库曼斯坦—乌兹别克斯坦—哈萨克斯坦—中国天然气管道。正在建

---

① 特朗普希望土库曼斯坦实施跨里海天然气管道项目 [EB/OL]. 中国石油新闻中心，2019-04-01.

② 陈福来，高燕，陈相，等. 哈萨克斯坦原油出口管道发展现状与趋势 [J]. 国际石油经济，2014（12）：49-54，105.

设的天然气管道有土库曼斯坦—阿富汗—巴基斯坦—印度天然气管道、土库曼斯坦—中国新疆南疆天然气管道，以及近两年正在协商的跨里海输往欧洲的天然气管道。土库曼斯坦—伊朗天然气管道是土库曼斯坦寻求天然气出口多元化发展的首次尝试。土库曼斯坦—伊朗天然气管道共有两条，第一条是土库曼斯坦西部的库佩斯—卡度库天然气管道，于1997年年底开通，年输气量为80亿立方米。2009年7月，土库曼斯坦与伊朗签署协议修建达维勒塔巴—塞拉斯—汗格拉天然气管道。2010年，土库曼斯坦至伊朗的第二条天然气管道——达维勒塔巴—塞拉斯—汗格拉天然气管道开建，由土库曼斯坦天然气公司修建，年输气量达120亿立方米。管道初期阶段每年向伊朗输送60亿立方米天然气，随后逐渐升至120亿立方米。土库曼斯坦—伊朗天然气管道将每年向伊朗出口200亿立方米的天然气。土库曼斯坦—阿富汗—巴基斯坦—印度（Turkmenistan-Afghanistan-Pakistan-India Pipeline，TAPI）天然气管道，该管道项目最早由土库曼斯坦于2003年提出，但受安全等诸多因素影响直至2010年年末，土、阿、巴、印四国才签署了连接四国的天然气管道政府间的框架协议。TAPI管道始自土库曼斯坦的复兴（Galkynysh）天然气田①，途经阿富汗的坎大哈、巴基斯坦的奎达，最后到达印度小镇法济尔加，管道总长1814公里，年输气量约330亿立方米。2015年12月，该天然气管道土库曼斯坦段开始施工；2018年2月，该管道项目阿富汗段工程施工正式启动；2019年年初，土库曼斯坦与巴基斯坦签署了TAPI天然气管道东道国政府协议。根据TAPI天然气管道项目计划，该项目将于2023年年底完工并开始送气。除上述已建成的土库曼斯坦对外能源出口通道，土库曼斯坦新建的TAPI管道和土库曼斯坦—中国新疆南疆天然气管道贯通后，将进一步实现土库曼斯坦能源出口的多元化。

总体来看，中亚国家经过近30年的努力，基本形成东出中国、南向南亚、

---

① 土库曼斯坦复兴（Galkynysh）天然气田是世界上第二大天然气田，仅次于伊朗的南帕尔斯（South Pars）天然气田。

北往俄罗斯的能源出口格局,并进一步努力实现西进欧洲的能源出口战略构想。可以说,目前中亚地区已形成"东西南北"的能源出口多元化战略格局。在中亚地区"东西南北"能源出口多元化战略格局中,毫无疑问,中国广大的市场、人口以及对能源资源的需求,是中亚国家能源出口多元化战略有效实施的根本保障。

四、中国与中亚国家经贸领域有着共同的发展需求

中国与中亚国家地缘上山水相连,经济上处于不同发展阶段,且经济资源禀赋不同。因此,中国与中亚国家经济发展上有较强的互补性,合作前景巨大。当前,中国经济发展正处于由高增长到高质量的发展阶段,中亚国家正处于经济转型攻坚阶段,双方有着共同的发展任务、发展愿望。特别是中国经济发展已经由"引进来"向"引进来"与"走出去"并进转变,即加强自主创新,一方面引进国际先进技术、科技人才和领先的管理理念,另一方面将中国改革开放以来所取得的成果、经验与广大发展中国家共同分享、共同发展。中亚国家独立后,经济发展面临经济转型过程中出现的一系列问题,不仅需要强大的外部资金、科学技术的支持,更需要先进的管理经验与管理文化的支撑。中国与中亚国家在经济发展阶段,产业分工、能源供给等方面都有着较强的互补性,同属广大发展中国家的属性以及历史和地缘上的亲缘性等现实,要求双方加强经贸领域的互利合作。

(一)中国与中亚国家贸易规模不断扩大

中亚国家独立以来,中国与中亚国家进出口贸易额度不断增大,基本呈正增长态势。1991年年末,中亚国家相继独立并与中国建立外交关系。根据国内相关学者的统计数据,1992年,中国与中亚国家经贸总额仅为4.65亿美元。其中,中国对中亚国家的出口额为2.91亿美元,进口额为1.74亿美元。2014年,

中国与中亚国家贸易额已达到450.1亿美元，中国对中亚出口的贸易额为240.5亿美元，进口额为209.6亿美元。从1992年至2014年的22年间，中国与中亚国家贸易额年均增长达23.1%。其中，中国对中亚国家出口贸易额年均增长22.22%，进口贸易额年均增长24.33%。①

欧亚经济联盟运行后，对中国与中亚国家的进出口贸易产生了一定影响。2014年5月，中亚国家与俄罗斯、白俄罗斯签署了《欧亚经济联盟条约》。2015年，欧亚经济联盟正式运行。欧亚经济联盟运行后，中国与中亚国家贸易呈现一定下降趋势，详见表一。

表一：2015—2021年中国与中亚国家贸易额统计（单位：亿美元）

国别	2015	2016	2017	2018	2019	2020	2021
哈萨克斯坦	142.91	130.37	180.01	198.56	220.7	214.48	252.51
乌兹别克斯坦	34.96	36.40	42.24	62.67	72.14	66.29	80.53
土库曼斯坦	86.43	59.02	69.43	84.36	91.16	65.16	73.59
吉尔吉斯斯坦	43.41	57.11	54.48	56.01	63.46	29	75.57
塔吉克斯坦	18.47	17.41	13.71	15.03	16.74	10.63	18.61

数据来源：根据中华人民共和国海关总署网及华经产业研究院等相关网站资料整理。

2015年，中国与中亚双方贸易总额为326.18亿美元，进出口贸易总额比前一年下降了27.5%。2016年，中国与中亚双方贸易总额为300.31亿美元，进出口贸易总额比2014年下降了33.3%。2017年，中国与中亚双方贸易总额为359.87亿美元，双边进出口贸易总额开始止跌回升。2018年，中国与中亚双方贸易总额为416.63亿美元，尽管依然没有达到欧亚经济联盟成立前中国与中亚

---

① 马骥，李四聪.中国与中亚五国贸易互补性与竞争性分析——以"丝绸之路经济带"为背景［J］.新疆财经大学学报，2016（1）：5-13.

国家的贸易水平，但双方进出口贸易总额相比 2017 年又有进一步提升。① 从欧亚关税联盟建立到 2017 年，中国与中亚贸易额开始止跌回升。2020 年，因新冠疫情影响，中国与中亚国家贸易额总体呈现下滑趋势。2021 年，尽管新冠疫情全球肆虐，但中国国内新冠疫情防控到位，经济发展呈现全面恢复态势，成为世界为数不多经济呈现正增长的国家。因此，中国与中亚国家经贸额再次恢复如初，并呈现不断提升的发展势头。

总体来看，从中亚各国独立到目前为止，中国与中亚国家贸易基本呈现正增长趋势。虽然欧亚经济联盟运行之后有过短暂的影响，但中国与中亚国家经贸进出口额很快又出现增长趋势，这进一步反映出中国与中亚国家贸易的互补性与不可替代性。

（二）中国与中亚国家经贸往来互补性较强

能源和矿产资源立国、兴国是中亚地区国家的基本国策。中亚国家独立后，苏联时期形成的完整的国民经济体系遭到破坏，中亚国家国民经济社会体系基本处于"另起炉灶"状态，搭建隶属于本国独立的国民经济社会及科学技术体系，起步较晚，发展较为缓慢。因而，以能源和矿产资源立国、兴国成为地区国家的普遍选择。中亚地区国家因其地理环境使然，在能源资源和矿产资源领域具有天然禀赋，这也为中亚地区国家以能源资源和矿产资源立国、兴国，提供了可能。中亚矿产资源丰富，除石油、天然气之外，哈萨克斯坦钨的储量约为 200 万吨，占整个世界钨储量的 50%，居世界第一，铬和磷的储量居世界第二，铜、锌、铅、钼的储量位居亚洲第一。此外，铁、煤、锰的储量也较丰富，煤炭储量 39.4 亿吨，锰的储量为 4 亿吨。② 乌兹别克斯坦拥有丰富的石油、天

---

① 根据中华人民共和国海关总署网及华经产业研究院等相关网站资料整理。自欧亚经济联盟成立以来，中国与中亚国家贸易额呈现明显下降趋势，贸易额的下降是否与欧亚关税联盟有直接的关系，尚无直接证据，只能通过相关贸易数据做一推断。

② 王健. 哈萨克斯坦矿产资源与开发现状 [J]. 现代矿业，2013（10）：83-84，89.

然气、煤、铜、铅、锌、钨、钼和黄金等矿产资源，其中黄金储量位居世界第五；铀矿储量达 5.5 万吨，居世界第七；铜储量达 39 亿吨，居世界第十位。乌兹别克斯坦在苏联时期就被视为"白金之都"，是苏联时期种植棉花最广阔的区域，拥有种植棉花的丰富经验、气候和土壤，棉花产量、质量首屈一指。吉尔吉斯斯坦矿产资源种类众多，除上述各种矿产外，还有丰富的黄金、锡、锑、汞、铀等资源，其中汞的储量占世界总储量的 1/5，汞产量占苏联时期汞产量的 90% 以上；锑的产量位居苏联第一位，现在锑产量依然处于世界前三位。塔吉克斯坦的铝和棉花是其支柱产业，其生产和出口占年总出口的 95% 以上。土库曼斯坦除能源资源外，还拥有芒硝、硫酸钠、碘、绵绒等资源。①

　　中国社会经济发展及民族振兴需要庞大的矿产资源作为物质资源保障。改革开放四十年来，中国经济飞速发展，中国经济的腾飞不仅有中国特色社会主义制度作为制度保障，也有庞大的物质资源做保障。尽管中国自然资源禀赋良好，但中国人口众多，人均占有量有限，中国经济社会发展需要庞大的矿产资源作为支撑。目前，中国从中亚进口的产品主要集中在石油、天然气方面。近几年，对矿产资源、原油等份额的进口有所增加。2017 年，中国自中亚地区"一带一路"国家进口商品主要集中于矿物类产品，其进口额为 83.6 亿美元，较 2016 年增长 17%，占中国自中亚地区国家进口额的 57.5%。② 其中，土库曼斯坦是中国自中亚进口矿物类产品最主要的进口来源地，进口额达 65.4 亿美元，较 2016 年增长 19.3%，占矿物类产品总进口额的 78.2%。2017 年中国对中亚地区进口额前十的商品中，铅及其制品增速最高。2020 年，受新冠疫情影响中国从中亚进口的矿产资源份额有所下降。中国从哈萨克斯坦进口铜 126.9 亿元，增长 5.6%；铜矿砂 77.1 亿元，增长 16.2%；铁矿砂 38 亿元，增长

① 新疆金融学会秘书处课题组，郭新龙，李寿龙．中国（新疆）与中亚国家经济互补性的领域项目及金融配套支持研究［J］．新疆金融，2008（S1）：8-24.

② 2018 年"一带一路"中国对中亚地区贸易数据分析：出口商品以鞋靴化为主［EB/OL］．中商情报网，2018-05-18.

56.7%。从乌兹别克斯坦进口铜 14.1 亿元，增长 74.1%。从吉尔吉斯斯坦进口的以金属矿及矿砂为主，进口值 1.9 亿元，下降 22.4%。从塔吉克斯坦进口的绝大多数为锑矿砂及其精矿，进口值 2.3 亿元，下降 40.7%。① 2021 年，中国从哈萨克斯坦进口未锻轧铜及铜材 158.2 亿元，增长 24.3%，铜矿砂及其精矿 107 亿元，增长 35.8%；从吉尔吉斯斯坦进口铜矿砂 1.3 亿元，增长 138.5%，占自吉进口总值的 25.1%。②

中国与中亚国家在轻工业产品、资金技术领域有很强的互补性。中亚国家经过 30 年的发展，国民经济逐步完善，但结构依然单一，能源、矿产资源出口依然是其国民经济支柱产业，资金、技术及轻工业产品依然主要依靠进口。中国与中亚国家除在能源领域有着良好的合作之外，中国在出口中亚的商品中工业制成品依然占据较大份额，其中机械与运输设备、按原料分类的制成品、杂项制品等占据大比重出口份额。2020 年，中国对哈萨克斯坦出口劳动密集型产品和机电产品分别达到 368.6 亿元和 330.6 亿元，合计占对哈出口总值的 86.2%；对乌兹别克斯坦出口以机电产品为主，出口值为 209.6 亿元，下降 6%，此外出口劳动密集型产品 65.4 亿元，增长 53.1%；对吉尔吉斯斯坦出口劳动密集型产品 143.9 亿元，下降 56.4%；对塔吉克斯坦出口劳动密集型产品 24.7 亿元，下降 38.6%。③ 2021 年，中国对哈萨克斯坦出口劳动密集型产品和机电产品分别达到 394.9 亿元和 381.7 亿元，分别增长 7.2% 和 15.5%，合计占对哈出口总值的 85.9%；对乌兹别克斯坦出口的机电产品和劳动密集型产品分别达到 215.8

---

① 2020 年我国对上合组织成员国进出口下降 5.1% ［EB/OL］. 中华人民共和国海关总署网：http://sco - tradeindex. customs. gov. cn/ScoIndex/Home/Preview. html? articleId = 7d06637b-4a4e-4538-afda-df2d42a3eb8d.

② 2021 年我国对上合成员国进出口增长超 3 成 ［EB/OL］. 中华人民共和国海关总署网：http://sco-tradeindex. customs. gov. cn/ScoIndex/Home/Preview. html? articleId = 84efc3f1-1a5b-45c5-a476-d7833ef62be5.

③ 2020 年我国对上合组织成员国进出口下降 5.1% ［EB/OL］. 中华人民共和国海关总署网：http://sco - tradeindex. customs. gov. cn/ScoIndex/Home/Preview. html? articleId = 7d06637b-4a4e-4538-afda-df2d42a3eb8d.

亿元和 71 亿元，分别增长 3.3% 和 8.6%，分别占对乌出口总值的 56.6% 和 18.6%；中国对吉尔吉斯斯坦出口的劳动密集型产品达到 367.9 亿元，增长 155.6%，占对吉出口总值的 76.3%；中国对塔吉克斯坦出口机电产品和劳动密集型产品分别达到 50.2 亿元和 36.5 亿元，增长 59.9% 和 47.7%，合计占对塔吉克斯坦出口总值的 79.7%。①

此外，中国强劲有力的资金与技术也成为中亚国家重要的引进外资与技术的来源国之一。独立之初，中亚国家受苏联时期重视重工业、轻视轻工业产业结构的影响，对针织、鞋帽、箱包等轻工业产品有着较大的需求量，而中国作为纺织大国与"中国制造"有着明显的地缘优势，在中国与中亚的进口贸易中轻工业产品占据一定的比重。2000 年前后，随着中亚地区轻工业体系的逐步形成以及自给自足能力的增强，中国与中亚进出口产品的结构呈现明显的变化。除了传统的轻工产品，还有石油勘探开发、矿产开发与加工、机械制造、机电设备、交通通信、医疗器械、基础设施建设等领域。

总体来看，中国与中亚国家在经贸领域体现出了很强的互补性，即中国需要庞大的能源和矿产资源来支撑中国社会的经济发展以及中华民族伟大复兴的要求，中亚国家则需要将本国优势资源充分利用实现社会经济良性发展以及国家和民族的振兴，其中不仅包含了实现能源和矿产资源效益的最大化和有效化，也包含着引进外部资金、技术和人才等，以提振本国民族产业的全面复兴。中亚国家国民经济体系虽日渐完善，但受自身技术、资金、市场等诸多因素影响，国家工业体系依然不完备，对来自中国的轻工业产品，如鞋帽、箱包、服装、玩具等有着一定需求。随着中国产品技术水平的不断提高，近几年机械设备、通信设备、电力设备、交通运输工具等成为中国出口中亚的重要产品。可以说，中国与中亚国家的利益交汇点越来越多。

① 2021 年我国对上合成员国进出口增长超 3 成 ［EB/OL］. 中华人民共和国海关总署网：http：//sco-tradeindex. customs. gov. cn/ScoIndex/Home/Preview. html？ articleId = 84efc3f1-1a5b-45c5-a476-d7833ef62be5.

与此同时，"走出去"战略符合中亚国家经济社会的发展需求。中国经济的腾飞不仅体现在制度层面的保障、物质资源的保障，还有充沛的人力资源、技术资源及资本做保障。改革开放以来，"引进来"是中国对外开放的基本国策，当前又提出"走出去"战略，努力实现"引进来"与"走出去"相结合的开放战略，以实现中国社会经济的长远发展，并促进与世界各国的共同发展。中亚地处欧亚大陆腹地，是离海洋最远的地区，也是远离世界经济技术发展中心的地区之一。中亚国家独立后，与原苏联各加盟共和国的社会经济、科学技术联系基本中断，因而经济社会及科研技术发展较缓慢，不仅需要外部资金、技术的引入，也需要大量人才的汇入。中国的"走出去"战略符合中亚国家"引进来"的经济社会发展要求。

第三章

中国与中亚国家构筑利益共同体的现实基础

　　山水相连、唇齿相依是对中国与中亚国家地缘关系最真实的写照，这种地缘关系不仅自然地塑造了中国与中亚地区国家的历史文化联系，而且也成为中国与中亚国家构筑利益共同体的现实基础。20世纪末，苏联解体、中亚国家独立，中亚国家在继承苏联政治、经济、文化等遗产的同时，也继承了苏联与中国尚未解决的边界问题。中亚国家独立伊始，中国与中亚国家和俄罗斯就以中苏边界谈判为基础，形成了中国为一方中亚国家和俄罗斯为另一方的两方边界谈判，建立了广泛的政治互信与国家高层密切往来机制，并由此形成了"上海五国"机制，为后续应对地区非传统安全成立的上海合作组织奠定了坚实的基础。上海合作组织的成立，不仅为中国与中亚国家打击地区"三股势力"、应对非传统安全提供了一个良好的平台，也成为中国与中亚国家深化能源供给体系的政治、经济、安全基础。反之，中国与中亚国家能源供给体系的深入发展，又进一步作用于中国与中亚国家的政治互信、经济繁荣、共同安全，为构建一个同我国政治关系更加友好、经济纽带更加牢固、安全合作更加深化、人文联系更加紧密的利益共同体提供了进一步深入沟通的渠道。

一、中国与中亚国家政治互信密切往来是构筑利益共同体的政治基础

　　中国与中亚国家建交以来，双方以实现睦邻友好的国家关系为目的，建立

了广泛的政治互信与国家高层密切往来机制。中国与中亚国家以中苏边界谈判及裁减边境军事力量为基础，建立了中国与中亚三国哈萨克斯坦、吉尔吉斯斯坦、塔吉克斯坦以及和俄罗斯的边界谈判，并实现了中国与中亚国家边境地区军事力量的裁减，建立了边境军事安全互信。可以说，中国与中亚国家睦邻友好、政治互信与高层密切往来、在国际社会上的相互支持以及边境军事互信与裁军是中国与中亚各国构筑利益共同体坚实的政治基础。

（一）中国与中亚国家实现了睦邻友好与高度政治互信

睦邻友好与高度政治互信是中国与哈萨克斯坦建立永久战略伙伴关系的重要基础。中哈两国自建交以来，双方相互尊重国家主权、安全和领土完整等核心利益问题。在中哈睦邻友好合作条约中，双方彼此确信"全面加强睦邻友好与互利合作符合两国人民利益"，并以法律形式将"严格遵守两国间有关边界协定，并决心在两国边境地区保持永久和平和世代友好"[1] 等事关双方睦邻友好、互利合作及政治互信的内容作为其主要内容。中哈睦邻友好条约的签署，为双方进一步加强政治互信奠定了良好的发展基础，为中国与哈萨克斯坦建立和发展战略伙伴关系、发展全面战略伙伴关系、进一步深化全面战略伙伴关系以及新阶段和永久全面战略伙伴关系奠定了坚实的法律基础。目前，中国与哈萨克斯坦已建立了永久全面的战略伙伴关系，中哈双方"均把发展双边关系置于各自外交政策的优先方向，坚定支持对方重大政治议程"[2]。中哈关系从睦邻友好到永久全面战略伙伴关系的发展，源于双方在政治上的高度互信、政治发展理念的相互尊重以及对彼此核心利益的高度认同，也是对未来发展中哈关系的规划与展望。

---

① 中华人民共和国和哈萨克斯坦共和国睦邻友好合作条约 [EB/OL]. 中国人大网，2003-06-12.
② 中华人民共和国外交部. 中华人民共和国和哈萨克斯坦共和国联合声明（2023 年）[EB/OL]. 中华人民共和国外交部网站，2023-05-17.

　　睦邻友好与高度政治互信是中国与吉尔吉斯斯坦、塔吉克斯坦和乌兹别克斯坦建立全面战略伙伴关系的重要政治基础。中国与中亚吉尔吉斯斯坦、塔吉克斯坦和乌兹别克斯坦建立外交关系后，先后与相关国家在"相互尊重主权和领土完整、互不侵犯、互不干涉内政、平等互利、和平共处的原则基础"① 上，建立了睦邻友好与互利合作的双边关系。在睦邻友好与互利合作条约中，中国与中亚相关国家首先就双方各自发展道路表示尊重——"双方相互尊重对方根据本国国情所选择的政治、经济、社会和文化发展道路"②。其次重申了中国与中亚相关国家各方的利益关切，如一个中国、中亚相关国家为"捍卫国家独立、主权及领土完整、发展和巩固民族经济以及维护国内稳定所做的努力"③ 等。再次肯定了双方处理历史遗留的边界问题，并决心将双方的"边界建成永久和平、时代友好的边界"④。此外，中国与中亚相关国家还就国家安全、经济发展、边境贸易、地方间合作、交通运输、文化交流等方面达成一致。在此基础上，中国与吉尔吉斯斯坦、塔吉克斯坦和乌兹别克斯坦经过睦邻友好合作，先后建立战略伙伴关系、全面战略伙伴关系，双方睦邻友好进一步加强、双边政治互信不断深化。

　　1992 年 1 月，中国与土库曼斯坦建交，并发布在"相互尊重主权和领土完整、互不侵犯、互不干涉内政、平等互利、和平共处的原则上发展两国友好合

---

① 详见：《中华人民共和国和吉尔吉斯共和国睦邻友好合作条约》《中华人民共和国和塔吉克斯坦共和国睦邻友好合作条约》《中华人民共和国和乌兹别克斯坦共和国友好合作条约》。

② 详见：《中华人民共和国和吉尔吉斯共和国睦邻友好合作条约》《中华人民共和国和塔吉克斯坦共和国睦邻友好合作条约》《中华人民共和国和乌兹别克斯坦共和国友好合作条约》。

③ 详见：《中华人民共和国和吉尔吉斯共和国睦邻友好合作条约》《中华人民共和国和塔吉克斯坦共和国睦邻友好合作条约》《中华人民共和国和乌兹别克斯坦共和国友好合作条约》。

④ 详见：《中华人民共和国和吉尔吉斯共和国睦邻友好合作条约》《中华人民共和国和塔吉克斯坦共和国睦邻友好合作条约》《中华人民共和国和乌兹别克斯坦共和国友好合作条约》。

作关系"的建交联合公报。此后，中国与土库曼斯坦在双边关系深入发展的前提下，先后发表了《进一步发展和加强两国友好合作关系的联合声明》《进一步巩固和发展友好合作关系的联合声明》《全面深化中土友好合作关系的联合声明》。随着时代的发展以及为适应中土双边关系的发展要求，中国与土库曼斯坦建立了战略伙伴关系。在中国与土库曼斯坦关于建立战略伙伴的宣言中，双方"强调不管国际和地区形势如何变化，发展中土战略伙伴关系都是中国和土库曼斯坦外交政策的优先方向之一"①。2015 年，为进一步巩固和深化中土战略伙伴关系，中国与土库曼斯坦签署了友好合作条约。中土友好合作条约强调，"在相互尊重主权和领土完整、不使用武力或以武力相威胁、不使用经济等方式施压、互不干涉内政、平等互利、和平共处的原则基础上，发展长期稳定的战略伙伴关系；双方愿全面加强相互信任与战略协作，支持对方根据本国国情选择的发展道路和发展模式，支持对方在核心利益问题上的立场，支持对方所实施的中长期经济发展战略"② 等内容。此外，将不参加任何损害对方主权、安全和领土完整直接或间接的条约、联盟或集团，承认彼此重大关切等条款写入友好合作条约。

中国与中亚地区国家建立良好双边关系符合双方各自战略诉求，符合两国人民的根本利益和长远利益，是适应时代发展正确的历史选择。中国与中亚国家良好的政治互信与睦邻友好不仅能够有效维护边境的安定有序，也有利于打击地区跨境违法犯罪，从而实现地区国家社会经济的良性发展。中国与哈萨克斯坦、吉尔吉斯斯坦、塔吉克斯坦、乌兹别克斯坦和土库曼斯坦分别建立的永久全面战略伙伴关系、全面战略伙伴关系和战略伙伴关系充分展现了中国与中亚国家依据自身各方面发展，对对方在自身对外战略中的价值与地位所做的基

---

① 中华人民共和国和土库曼斯坦关于建立战略伙伴关系的联合宣言（全文）[EB/OL].
中国政府网，2013-09-04.

② 中华人民共和国外交部. 中华人民共和国和土库曼斯坦友好合作条约 [EB/OL]. 中华人民共和国外交部网站，2014-05-12.

本判断，是一种长期性的、建设性的合作关系的判断。

（二）中国与中亚国家高层互动频繁且在国际社会中相互支持

国家间领导人频繁互动是保持良好政治关系的重要保障。自五国两方会晤机制形成后，中国与中亚国家高层领导互访频繁，政治关系稳步推进。中国国家主席江泽民任期内曾两次访问哈萨克斯坦（1996年、1998年），胡锦涛同志曾六度出访哈萨克斯坦，两度访问土库曼斯坦（2008年、2009年）。习近平主席上任后，先后于2013年9月、2015年5月和2017年6月三次访问哈萨克斯坦，两次访问吉尔吉斯斯坦、塔吉克斯坦、乌兹别克斯坦，并多次与土库曼斯坦总统会面。习近平主席在上海合作组织成员国元首理事会第十三次会议发表讲话指出："国之交在于民相亲，民相亲在于心相近。老百姓如此，领导人也是一样。……'老朋友''好朋友'，不仅是领导人彼此亲切的称呼，更是上合组织成员国睦邻友好、信任合作生动写照。"① 此外，中国政府总理、全国人大常委会委员长等领导人也多次访问中亚各国。同样，中亚各国领导人也多次访问中国，与中国领导人形成良好的政治互动。据不完全统计，哈萨克斯坦首任总统纳扎尔巴耶夫在任期间访华至少22次，成为中亚国家访问中国次数最多的总统。2019年，习近平主席在人民大会堂会见了参加第二届"一带一路"国际合作高峰论坛的纳扎尔巴耶夫，这次会面成为纳扎尔巴耶夫与习近平主席的第19次会面。② 此外，中亚各国总理、议长、国务秘书等重要官员也分别多次访问中国。

中国与中亚国家高层频繁互动有效地推动了中国与中亚国家双边关系的深入发展。在国际社会上，中国与中亚国家同处第三世界国家，立场、观点相近，且相互支持。一直以来，中国与中亚国家把和平共处五项原则作为处理双边关

---

① 习近平出席上合组织峰会：传承丝路精神 共创美好明天［EB/OL］. 新华网，2013-09-14.

② "宝石布满大地，不动手就到不了怀里"［EB/OL］. 人民网，2019-04-30.

系的基本准则。从双方的建交公报到建立全面战略伙伴的联合宣言始终如一，不仅如此，在相关宣言、声明中都明确重申"不允许在本国领土上成立和运作有损对方主权、安全和领土完整的组织和团伙"①等。与此同时，双方在一些重大国际议题上也彼此互相支持。例如，"中国支持哈萨克斯坦提出的旨在建立欧亚大陆平衡与建设性关系、巩固地区及世界和平与稳定的国际倡议，包括继续举办世界和传统宗教领袖大会"②。在台湾、西藏、新疆、香港等问题方面，中亚各国一直秉承一个中国政策，在一些国际场合和双方法律性文件中都多次重申一个中国的政策。2019 年 9 月，哈萨克斯坦在《中华人民共和国和哈萨克斯坦共和国联合声明》中再次强调，"哈方坚定奉行一个中国政策，重申中华人民共和国政府是代表全中国的唯一合法政府，台湾、西藏是中国领土不可分割的一部分。哈方反对任何形式的'台湾独立'，支持两岸关系和平发展和中国政府为实现国家和平统一所作的一切努力"③。

当前，面对国际社会中的单边主义和贸易保护主义，中国与中亚国家一致表示"愿共同努力推动建设开放型世界经济。双方重申致力于促进经济全球化和贸易自由化，维护以世贸组织为核心的多边贸易体制"④。对于美国的单边主义以及当前国际社会中出现的贸易保护主义，中国与中亚国家明确表示，"双方支持联合国在国际事务中发挥核心作用""双方强调，政治解决是化解叙利亚危机的唯一正确出路"⑤。2020 年 7 月 16 日，中亚五国外长在中国中亚五国外长视频会议上表示，将进一步加强国际抗疫合作，支持世卫组织发挥重要作用，坚决反对疫情政治化。同时，将进一步增进在联合国、上海合作组织、亚信等多边机制内的协调配合，共同维护本地区的持久和平安全与稳定。

---

① 详见：中国和中亚各国历次签署的联合声明、联合宣言。
② 中华人民共和国和哈萨克斯坦共和国关于全面战略伙伴关系新阶段的联合宣言［EB/OL］. 中国政府网，2015-09-01.
③ 中华人民共和国和哈萨克斯坦共和国联合声明［EB/OL］. 中国政府网，2019-09-12.
④ 中华人民共和国和哈萨克斯坦共和国联合声明［EB/OL］. 中国政府网，2019-09-12.
⑤ 中华人民共和国和哈萨克斯坦共和国联合声明［EB/OL］. 中国政府网，2019-09-12.

（三）中国与中亚国家实现了边境军事互信与边界问题的解决

苏联解体后，中国与中亚国家乌兹别克斯坦、哈萨克斯坦、塔吉克斯坦、吉尔吉斯斯坦和土库曼斯坦建立外交关系。中国和中亚国家外交关系确立后，中苏时期苏联在中苏边境地区部署的武装力量以及中苏遗留的边界问题就成为中国与中亚国家首要的政治问题。

20世纪末，中国与苏联开始进行裁减边境地区军事力量以及维护边境安全的谈判。苏联解体后，中国和后苏联时代与中国西北有边界接壤的哈萨克斯坦、吉尔吉斯斯坦、塔吉克斯坦和俄罗斯，继续就边界裁减军事力量以及建立边界军事安全互信进行磋商。1996年4月，以中国为一方，哈萨克斯坦、吉尔吉斯斯坦、塔吉克斯坦和俄罗斯为另一方五国元首齐聚上海，签署了《关于在边境地区加强军事领域信任的协定》，该协定对双方部署在边境地区的军事力量、军事活动、活动规模、活动范围、活动次数等问题做出了详细的规定，并建立相关的通报机制。[1] 1997年，中国与哈萨克斯坦、吉尔吉斯斯坦、塔吉克斯坦和俄罗斯签署了《关于在边境地区相互裁减军事力量的协定》，该协定对边境地区裁减军事力量做出了详细规定，如裁减和限制在边界两侧的陆军、空军等军事人员的数量，并对武器种类及其数量等做出具体限定。

随着中国与中亚国家及俄罗斯在军事安全领域互信协定的签署以及裁减边境军事力量协定的通过，中国与中亚国家政治互信不断增强，为中国与中亚国家及俄罗斯边界问题的解决奠定了坚实的边境安全基础。中国与中亚国家及俄罗斯以边境军事互信和裁军协定为基础，中国与俄罗斯确定了西段边界的基本走向；中国与哈萨克斯坦签署了《中华人民共和国和哈萨克斯坦共和国关于中哈国界的协定》《中华人民共和国和哈萨克斯坦共和国关于中哈国界的补充协

---

① 中华人民共和国和哈萨克斯坦共和国、吉尔吉斯共和国、俄罗斯联邦、塔吉克斯坦共和国关于在边境地区加强军事领域信任的协定 [EB/OL]. 110法律咨询网，1996-04-26.

定》，确定了中哈边界走向；中国与吉尔吉斯斯坦签署了《中华人民共和国和吉尔吉斯共和国关于中吉国界的协定》《中华人民共和国和吉尔吉斯共和国关于中吉国界的补充协定》，确定了中吉边界走向；中国与塔吉克斯坦签署了《中华人民共和国和塔吉克斯坦共和国关于中塔国界的协定》《中华人民共和国、塔吉克斯坦共和国和吉尔吉斯共和国三国国界交界点的协定》《中华人民共和国和塔吉克斯坦共和国关于中塔国界的补充协定》，确定了中塔边界走向问题。至此，中国与中亚国家及俄罗斯在相互尊重、平等互利、和平共处的基础上妥善地解决了五国两方的边界问题。

由此可见，中国与中亚国家政治互信、高层频繁互访，是中国与中亚国家和俄罗斯形成五国两方机制的重要因素，不仅推动双方军事互信与边境裁减军事力量，而且推动了中国与中亚国家及俄罗斯西段边界问题的解决，为双方建立良好政治关系起到关键性作用。

二、上海合作组织是中国与中亚国家构筑利益共同体的安全基础

二战后，国际组织得到了长足发展，大量新独立国家数量的增加、大量国际组织的不断涌现，深刻地改变着当今世界的体系结构。国际组织的蓬勃发展始终在于努力培养国家间合作与发展的习惯，促进人类形成共同的价值理念，促进国家间、地区间的相互认同，进而保障国家生存和提升国家实力。上海合作组织是冷战后欧亚大陆上出现的一个新的政府间合作的国际组织，其主要目的在于维护地区安全与稳定，同时促进地区国家经济发展以及人文联系更加紧密。安全问题一直是人们努力解决的问题，也是影响国家间关系的核心因素。国际社会的无政府状态及冷战后的霸权主义和强权政治深刻地影响着世界各国的安全，特别是近些年来以恐怖主义为首的非传统安全问题全球肆虐，已严重影响了地区安全及世界各国国家安全。

（一）上海合作组织——中国与中亚国家边界安全与互信保证

上海合作组织是中国与中亚国家哈萨克斯坦、吉尔吉斯斯坦、塔吉克斯坦、乌兹别克斯坦和俄罗斯联邦共同组建的政府间的国际组织。上海合作组织始于20世纪末中国与中亚三国哈萨克斯坦、吉尔吉斯斯坦、塔吉克斯坦，以及俄罗斯联邦为解决共同的边界问题而形成的"上海五国"会晤机制。中苏西段边界遗留问题并没有因苏联的解体而消散，反而成为与中国接壤新独立的国家和中国面临的最棘手的问题。中国与中亚国家本着相互尊重、平等互利、和平共处的原则，在中苏谈判的基础上形成以中国为一方，哈萨克斯坦、吉尔吉斯斯坦、塔吉克斯坦和俄罗斯为另一方，在此基础上开展了五国两方的边界谈判。由此，形成了"上海五国"的雏形。

"上海五国"元首首次会晤实现了边境军事力量的正常化。1996年4月，五国两方元首在中国上海签署了《中华人民共和国和俄罗斯联邦、哈萨克斯坦共和国、吉尔吉斯共和国、塔吉克斯坦共和国关于在边境地区加强军事领域信任的协定》，该协定对五国两方边境地区的军事力量做出了详细的规定，初步实现了五国两方边境军事力量不再成为双方彼此的边境安全威胁。不但如此，五国两方还就双方边界地区军事力量友好往来进行磋商。《中华人民共和国和俄罗斯联邦、哈萨克斯坦共和国、吉尔吉斯共和国、塔吉克斯坦共和国关于在边境地区加强军事领域信任的协定》的签署不仅意味着双方边境线军事力量开始由不友好状态脱离，向正常方向发展，而且以法律形式将双方边境正常的军事状态确立了下来，为五国两方随后的边境军事互信奠定了基础。

"上海五国"元首第二次会晤实现边境军事力量的透明化。1997年，五国两方元首齐聚莫斯科，并就裁减双方边境军事力量、边境军事活动通报等事关边境军事安全的问题进行磋商。此次"上海五国"元首会晤不仅对裁减双方边境军事力量和实现边境军事活动的透明等进行了磋商，并达成了《中华人民共和国和哈萨克斯坦共和国、吉尔吉斯共和国、俄罗斯联邦、塔吉克斯坦共和国关于在边境地区相互裁减军事力量的协定》。该协定以法律形式要求双方将边境地区军事力量裁减至与双方睦邻友好关系相适应的最低水平，确定了双方边境地区军事力量只具有防御性、不谋求单方面军事优势、不相互进攻等为主要内容。为落实上述相关协定内容，1999 年五国两方成立了上海合作组织框架下的"五国联合监督小组"，履行每年一次落实边境地区相互裁减军事力量协定的主要内容。《关于在边境地区加强军事领域信任的协定》和《关于在边境地区相互裁减军事力量的协定》为五国两方边境军事互信与边境安全奠定了坚实的基础。

上海合作组织是中国与中亚地区国家边境安全与军事互信的重要保障。2001 年 6 月，上海合作组织成立，并签署了《上海合作组织宣言》。上海合作组织在继承"上海五国"边境安全合作理念的同时，安全合作理念进一步深化。2007 年 8 月，《中华人民共和国和哈萨克斯坦共和国、吉尔吉斯共和国、俄罗斯联邦、塔吉克斯坦共和国关于在边境地区相互裁减军事力量的协定》签署 10 周年之际，上海合作组织比什凯克元首会晤再次以法律形式将"加强边境地区军事领域信任，决心便相互间的边界成为永久和平与友好的边界"[1] 以文本形式写入《上海合作组织成员国长期睦邻友好合作条约》。2017 年，《中华人民共和国和哈萨克斯坦共和国、吉尔吉斯共和国、俄罗斯联邦、塔吉克斯坦共和国关于在边境地区相互裁减军事力量的协定》签署 20 周年，据相关媒体报道，双方在边境地区 100 公里纵深的范围内，军事人员总量已不到 13.4 万人，也不存在攻击性武器。[2] 可以说，在上海合作组织框架下，中国与中亚相关国家及俄罗斯采取的军事互信举措，不仅维护了双方边界地区的安全与稳定，而且造就了双方边界的安全、合作、友谊和发展。

由此来看，上海合作组织承担了解决中国与中亚国家及俄罗斯边界的历史遗留问题以及边境军事力量的裁减问题，在相关问题得到有效解决之后，五国

---

[1] 上海合作组织成员国长期睦邻友好合作条约 [EB/OL]. 中国人大网，2008-12-24.

[2] 中俄哈吉塔五国边境已无攻击性武器 互威慑态势不复存在 [EB/OL]. 人民网，2017-04-24.

两方边境安全合作又迎来了新的历史时刻，把加强边境安全与军事互信作为安全合作的重要内容之一。可以说，上海合作组织是新时期中国与中亚国家边境安全与军事互信的重要国际安全保障。

（二）上海合作组织——中国与中亚国家非传统安全的防线

上海合作组织成立的主要原因就是因为恐怖主义、分裂主义、宗教极端主义以及毒品贩卖和武器走私等跨国犯罪等非传统安全问题在中亚地区不断涌现，对中亚国家、俄罗斯和中国国家安全产生严重影响。"上海五国"后期，五国两方元首会晤除双方边界及边界军事互信与裁减军事力量之外，应对地区非传统安全就是其中非常重要的一个议题，特别是地区恐怖主义、极端主义和分裂主义问题。为此，1998年"上海五国"元首阿拉木图会晤后发表了以打击恐怖主义、分裂主义、宗教极端主义及跨国犯罪的《阿拉木图联合声明》。随后，《比什凯克声明》再次重申将采取措施开展实际协作，有效打击国际恐怖主义、非法贩卖毒品和麻醉品、走私武器、非法移民及其他形式的跨国犯罪行为，以及遏制民族分裂主义和宗教极端主义。① 上海合作组织成立后，其基本任务之一就是"尽一切必要努力保障地区安全。成员国将为落实《打击恐怖主义、分裂主义和极端主义上海公约》而紧密协作"②，并成立上海合作组织反恐怖中心，制定遏制非法贩卖武器、毒品、非法移民和其他犯罪活动。

上海合作组织制定并逐步完善了打击恐怖主义、分裂主义和极端主义的法律性依据。无论是"上海五国"时期签署的《打击恐怖主义、分裂主义和极端主义上海公约》，还是《上海合作组织成立宣言》，虽然对恐怖主义、分裂主义和极端主义做出了清晰的界定，甚至对涉及引渡和刑事司法的有关事项、各成员国相关机构形成信息及情报交流机制并进行相互协助等问题做了细致的规定，

---

① 中吉俄哈塔五国元首发表声明［EB/OL］. 人民日报，1999-08-26.
② 上海合作组织成立宣言［EB/OL］. 央视网，2012-05-25.

但双方在打击"三股势力"方面更多停留在协作的层面。"9·11"之后,面对新的更加严峻的国际与地区反恐形势,要求地区国家应进一步加强区域的非传统安全合作。2002年,上海合作组织第二届首脑峰会在圣彼得堡召开,并签署了《上海合作组织宪章》。《上海合作组织宪章》作为上海合作组织纲领性的文件,开宗明义地指出"共同打击一切形式的恐怖主义、分裂主义和极端主义,打击非法贩卖毒品、武器和其他跨国犯罪活动,以及非法移民"将是本组织的基本宗旨和任务。《上海合作组织宪章》的出台,成为上海合作组织各成员国共同打击恐怖主义、分裂主义和极端主义的纲领性文件,为成员国间非传统安全合作打下了坚实的基础。2005年,上海合作组织阿斯塔纳元首峰会签署了《上海合作组织成员国合作打击恐怖主义、分裂主义和极端主义构想》,指出,"本组织应在打击国际恐怖主义框架内解决消除恐怖主义的物质基础的问题,首先要打击走私武器、弹药、爆炸物和毒品,打击有组织跨国犯罪、非法移民和雇佣兵活动。……为打击资助恐怖主义、分裂主义和极端主义的活动,包括将非法收入合法化的活动,迫切需要在本组织框架内制定统一方法和标准,以监控涉嫌参与恐怖活动的个人和组织的资金流动,同时积极推动上海合作组织参与相关国际努力"①。该构想不仅提出了具体的反恐举措,而且为上海合作组织反恐合作的未来发展指明了方向,使上海合作组织反恐机构的活动更加明确和更有针对性,进一步提升了上海合作组织非传统安全领域的合作效率。2006年,上海合作组织签署了《关于在上海合作组织成员国境内组织和举行联合反恐行动的程序协定》《关于查明和切断在上海合作组织成员国境内参与恐怖主义、分裂主义和极端主义活动人员渗透渠道的协定》和《上海合作组织成员国打击恐怖主义、分裂主义和极端主义2007年至2009年合作纲要》三份文件,《上海合作组织成员国打击恐怖主义、分裂主义和极端主义2007年至2009年合作纲要》

---

① 上海合作组织成员国元首宣言:2005年第23号国务院公报[EB/OL].中国政府网,2005-07-05.

指出，"打击恐怖主义、分裂主义、极端主义的威胁和非法贩运毒品，仍是本组织的优先工作"①。2009 年，上海合作组织叶卡捷琳堡元首峰会签署了《上海合作组织反恐怖主义公约》，第一条指出，本公约旨在提高反恐怖主义合作的效率。② 为此，该公约进一步对恐怖主义、恐怖主义行为和恐怖主义组织做了明确的界定，并对本公约所涵盖的犯罪确定各自的司法管辖权等问题做出了明确又细致的规定。此后，上海合作组织成员国又签署了《上海合作组织成员国打击恐怖主义、分裂主义和极端主义 2010 年至 2012 年合作纲要》《上海合作组织成员国反恐专业人员培训协定》等一系列法律性文件。从《打击恐怖主义、分裂主义和极端主义上海公约》到《上海合作组织宪章》，再到《上海合作组织反恐怖主义公约》，上海合作组织打击地区恐怖主义、分裂主义和极端主义等非传统安全问题的法律依据越来越完善，已成为上海合作组织成员国打击地区"三股势力"实践的法律依据。

有组织跨国贩运毒品、麻醉品及非法移民等非传统安全问题是影响中亚地区安全与稳定的另一大威胁。自"上海五国"会晤机制形成以来，关于有组织跨国犯罪、贩卖毒品和麻醉品等非传统安全问题就成为各成员国一致关注的问题。因此，在"上海五国"时期，五国元首就通过了关于打击有组织跨国犯罪、贩卖毒品、麻醉品及其他跨国犯罪活动的《阿拉木图声明》。"上海五国"期间通过的《阿拉木图声明》指出，"各方将采取措施，打击国际恐怖主义、有组织犯罪、贩卖毒品和麻醉品以及其他跨国犯罪活动"③。此后，《比什凯克声明》《上海合作组织成立宣言》《上海合作组织宪章》等相关文件都对打击有组织跨国犯罪、贩卖毒品、麻醉品及其他跨国犯罪等非传统安全问题做出了声明。近年来，随着国际反恐力度不断加大，地区恐怖主义势力、分裂主义势力、宗教

① 上海合作组织成员国元首理事会第六次会议联合公报：2006 年第 21 号国务院公报 [EB/OL]. 中国政府网，2006-06-15.

② 上海合作组织反恐怖主义公约（中文本）[EB/OL]. 中国人大网，2015-02-27.

③ 中华人民共和国外交部. 中华人民共和国、哈萨克斯坦共和国、吉尔吉斯共和国、俄罗斯联邦和塔吉克斯坦共和国阿拉木图联合声明 [EB/OL]. 外交部网站，2001-05-31.

极端主义势力生存空间大为缩小，谋求其生存的资金来源也越来越有限。地区恐怖势力、极端势力和分裂势力为谋求更多的资金支持，开始与地区毒品犯罪势力互相勾结，进一步恶化了该地区的安全形势。2004 年，塔什干元首会晤签署了《上海合作组织成员国关于合作打击非法贩运麻醉药品、精神药物及其前体的协议》，该协议对打击非法贩运麻醉品及其前体以及滥用麻醉品的合作中应遵循的基本原则、主要合作内容、合作方式、各方的主管机关等相关问题做出了细致的规定。

总体来看，上海合作组织已经从最初打击恐怖主义、分裂主义、极端主义"三股势力"的纲领性文件，发展到现在形成了较为完备的打击恐怖主义、分裂主义、极端主义的法律体系及其实践机制。同时，上海合作组织也形成了打击跨国犯罪、贩卖毒品、麻醉品以及武器走私等跨国犯罪等非传统安全的协同机制。可以说，上海合作组织已成为维护地区安全与稳定的一个重要保障。

（三）"上海精神"——中国与中亚国家构筑安全利益共同体的灵魂

上海合作组织能够逐步发展壮大，正是得益于上海合作组织形成过程中各方共同秉持的"上海精神"。"上海精神"，即互信、互利、平等、协商、尊重多样文明、谋求共同发展。"互信"不仅是人与人之间的友好相处之道，也是国与国之间开展合作的基础。上海合作组织成立本身就是互信的体现，只有成员国相互信任，上海合作组织才能在安全、经济、文化等领域进行深入友好的合作。"互利"同样也是人类友谊长存的基础，更是现代国家关系长足发展的前提。正如司马迁所言：天下熙熙，皆为利来；天下攘攘，皆为利往。上海合作组织的发展能给成员国带来诸多利益，而且并非一国或两国受益，而是组织内各成员国共同受益。可以说，"互利"也是上海合作组织得以长足发展的前提。"平等"是现代国际社会、国际法以及国际组织倡导的最重要的国际交往原则，也是国与国之间发展良好关系的基础。在上海合作组织发展进程中，各成员国无论国家大小、实力强弱，都实行权利、地位一律平等的原则。"协商"是国际关系中处理和解决国家间问题的一种和平方式，也是现代国际关系中国家间往来所倡导的一项平等原则。在上海合作组织中，协商既是处理和解决成员国间问题的一种和平方式，也是成员国对某项国际活动管理与决策的民主机制。"尊重多样文明"是上海合作组织得以长足发展的基本准则。上海合作组织成员国文化属性多元：有中华文明、斯拉夫文明、伊斯兰文明、印度文明。上海合作组织成员国的文化属性多元要求成员国彼此互相尊重，实现多样文明共存、共同发展。"谋求共同发展"是冷战后国际关系中出现的一种新的发展理念，即你方发展，我方也发展；你方得益，我方也得益的发展理念。这种理念既可以体现在双边关系之中，也可见于多边领域。上海合作组织正是基于此种发展理念造福于各成员国。

"上海精神"源于"上海五国"机制、源于中国与哈萨克斯坦、吉尔吉斯斯坦、塔吉克斯坦和俄罗斯五国签署的《关于在边境地区加强军事领域信任的协定》《关于在边境地区相互裁减军事力量的协定》。新时期，为了应对地区及整个国际政治、经济、安全及文化领域新的发展态势，"上海五国"元首一致同意将"上海五国"升级为"上海合作组织"，并将"上海五国"发展进程中各成员国处理相关事务的经验、原则、准则及文化特征与未来发展方向进行高度凝练，形成了"互信、互利、平等、协商、尊重多样文明、谋求共同发展"的"上海精神"。"上海精神"不仅符合"上海五国"时期各成员国处理相关问题的基本要求，也符合当前世界各国处理对外关系、对外利益和对外交往的基本特点与要求，是新时期上海合作组织各项机制顺利发展及各成员国处理相互关系的基本准则。"上海精神"颠覆了国际关系的传统思维模式，打破了一直由西方社会所主导的国际关系理念——大国政治、弱肉强食、势力范围、冷战思维等传统零和思维；倡导尊重多样文明，不仅是倡导尊重各自不同的文化传统和价值理念，也包括尊重各成员国的社会制度和发展道路，这一理念冲破了文明冲突的阴霾。

2018年6月，中国国家主席习近平在上海合作组织青岛峰会进一步阐述了

"上海精神"的深刻内涵，"我们要进一步弘扬'上海精神'，提倡创新、协调、绿色、开放、共享的发展观，践行共同、综合、合作、可持续的安全观，秉持开放、融通、互利、共赢的合作观，树立平等、互鉴、对话、包容的文明观，坚持共商共建共享的全球治理观，破解时代难题，化解风险挑战"①。这为上海合作组织安全合作进一步指明了方向：共同，就是要尊重和保障上海合作组织成员国每个国家的安全利益；综合，就是要统筹兼顾传统安全与非传统安全利益以及传统安全与非传统安全相互交织的安全问题；合作，就是通过对话合作实现地区各国国家安全利益，以对话合作促和平、促安全，以对话合作方式解决争端；可持续，就是要实现安全的长久性，实现长久的安全利益。以"互信、互利、平等、协商、尊重多样文明、谋求共同发展"为统领的安全观，不是零和的安全，是成员国共同的安全、综合的安全、合作的安全和可持续的安全，能够有效降低安全成本，实现长久安全。

总之，"上海精神"是顺应时代潮流与发展出现的，它的基本内涵符合各成员国共同发展的需要，反映了新时期新型的国家关系与交流合作形态要求。"'上海精神'是我们共同的财富，上海合作组织是我们共同的家园。我们要继续在'上海精神'指引下，同舟共济，精诚合作，齐心协力构建上海合作组织命运共同体，推动建设新型国际关系，携手迈向持久和平、普遍安全、共同繁荣、开放包容、清洁美丽的世界。"②

三、中国与中亚良好经贸往来是构筑利益共同体的经济基础

地缘相近让中国与中亚地区的关系中从来不缺乏经贸往来的元素，中国与中亚地区一直有着良好的经贸往来传统。中亚国家独立后，中国与中亚国家政

---

① 上海合作组织青岛峰会举行 习近平主持会议并发表重要讲话［EB/OL］．人民网，2018-06-10．

② 上海合作组织青岛峰会举行 习近平主持会议并发表重要讲话［EB/OL］．人民网，2018-06-10．

治互信、高层密切往来以及安全上的相互依存，进一步推动了中国与中亚国家的经贸往来，"丝绸之路经济带"倡议提出以来更是深化了中国与中亚国家的经贸关系。目前，双方不仅保持双边经贸往来，还有着多边经济合作，彼此成为重要贸易伙伴。

（一）中国与中亚国家经贸往来有着良好的双边经济合作

中国与中亚政府形成的经贸合作委员会是双方经贸往来之初的重要合作机制。20 世纪末，随着中国与中亚国家外交关系的确立，中国与中亚国家开始实现经贸往来，并先后与哈萨克斯坦、乌兹别克斯坦、吉尔吉斯斯坦、土库曼斯坦和塔吉克斯坦建立政府间的经贸合作机制。中国与中亚政府间形成的经贸合作机制有效运转，为中国与中亚国家双方经贸往来提供了沟通与交流的合作平台，也为双方进一步深入合作奠定了基础。

中国与中亚国家在经贸领域签署的法律文件为双方经贸合作进一步提供了法律保障。自中国与中亚国家建交以来，中国分别与中亚国家签署了经济贸易协定、关于鼓励和相互保护投资协定、科技合作或经济合作的协定，与哈萨克斯坦签署了铁路运输协定，与吉尔吉斯斯坦和塔吉克斯坦分别签署了汽车运输协定，与土库曼斯坦签署了航空运输协定等。在这些相关法律文件基础上，中国与中亚国家相关合作项目不断加深。2014 年 12 月，中国国家发展改革委与哈萨克斯坦国民经济部签署了《关于共同推进丝绸之路经济带建设的谅解备忘录》，初步确定了 16 个早期收获项目和 63 个前景项目，涉及水泥、钢铁、平板玻璃、矿业、化工、能源、电力等领域的合作。[①] 2018 年，中国电力建设集团参与了塔吉克斯坦格拉芙纳亚水电站的技术改造项目，特变电工在杜尚别新建

---

① 许涛. 丝绸之路经济带视角下的中亚地区文化环境研究 [J]. 俄罗斯东欧中亚研究，2019（3）：1-18, 155.

了两座热电厂，有效地缓解了塔吉克斯坦季节性电荒的问题。①

中国与中亚国家在经贸领域签署的制度性文件既有宏观指导性文件，也有一些具体操作性的法律文件，涉及领域有投资、科技合作、过境运输、税收、能源合作、边境口岸开放、海关互助、优惠贷款、商品贷款等经贸合作领域。中国与中亚国家签署的这些协定、协议为双方经贸深入合作提供了法律支持与保障。

（二）中国与中亚国家经贸往来有着成熟的多边经济合作机制

中国与中亚国家经贸往来中最成熟的多边经济合作始于上海合作组织。经济领域是上海合作组织合作的一个重要领域，经济合作与安全合作共同被视为驱动上海合作组织发展的两个轮子。在上海合作组织成立时，其组织性文件第九条特别指出，"'上海合作组织'将利用各成员国之间在经贸领域互利合作的巨大潜力和广泛机遇，努力促进各成员国之间双边和多边合作的进一步发展以及合作的多元化。为此，将在'上海合作组织'框架内启动贸易和投资便利化谈判进程，制定长期多边经贸合作纲要，并签署有关文件"②。随后，上海合作组织首次政府首脑会晤时确定了成员国开展区域经济合作的目标、方向，以及启动区域贸易和投资便利化的实现途径。

上海合作组织的近期目标主要体现为贸易便利化和消除投资、贸易便利化的障碍，中期目标为实现成员国间的全面经济合作，长远目标为逐步实现货物、资本、服务和技术的自由流动。上海合作组织区域经济合作的优先合作方向为能源、交通、农业、家电、轻工业及纺织品。2005 年 10 月，上海合作组织政府首脑会议批准了各成员国多边经贸领域合作纲领性文件，并举办了上海合作组

---

① 坦吉克斯坦驻华大使：中塔两国电力合作前景广阔 [EB/OL]. 中国能源报，2018–11–22.

② "上海合作组织"成立宣言：2001 年第 25 号国务院公报 [EB/OL]. 中国政府网. http：//www. gov. cn/gongbao/content/2001/content_ 60959. htm.

织实业家委员会首次理事会议。2008 年 10 月，上海合作组织阿斯塔纳政府首脑会议通过了重新修订的成员国多边经贸领域合作的纲领性文件。2019 年 9 月，上海合作组织成员国经贸部长会议再次审议通过了新版的成员国多边经贸领域合作的纲领性文件。2020 年 7 月 16 日，《中国+中亚五国外长视频会议联合声明》表示，各方愿意继续推动“一带一路”倡议同中亚国家发展战略对接协调，进一步扩大贸易规模，优化贸易结构，深化投融资合作。同时，建立便利于商贸往来人员和生产技术人员的快捷通道，简化货物跨境流通的“绿色通道”，并积极拓展电子商务、人工智能和大数据应用等高新技术领域的合作。2020 年 11 月 30 日，上海合作组织成员国总理会议以视频方式举行，并批准通过了《〈上海合作组织成员国多边经贸合作纲要〉落实行动计划 2021—2015 年》《上海合作组织秘书处关于 2019—2020 年为落实〈上海合作组织成员国多边经贸合作纲要〉举行活动和会议情况的报告》，并就进一步深化区域经济合作达成新的共识，进一步制订地区贸易便利化解决方案，改善投资营商环境，实现相互投资便利化，发展电子商务并制订相关专项合作计划等①区域经济合作新业态。

　　总体来看，在上海合作组织框架下经过 20 年的发展，在经济领域已形成了成熟的元首会晤机制、政府首脑会晤机制、经贸部长会议机制、外交部长会议机制、上海合作组织银行间联合体机制以及上海合作组织实业家定期会晤机制等区域多边经济合作机制。元首会晤机制和政府首脑会晤机制主要发挥引领指导与实质性的推动作用，经贸部长会议机制和外交部长会议机制主要发挥具体实施与协调作用，上海合作组织银行间联合体机制主要发挥融资与资金支持作用，实业家定期会晤机制主要负责具体项目落实工作。上海合作组织框架下的各项机制与上海合作组织各成员国共同推进地区经济贸易合作，努力实现地区产业发展实现深度融合，为中国与中亚国家构筑利益共同体打下坚实的经济

---

① 商务部欧亚司负责人解读上海合作组织成员国政府首脑（总理）理事会第十九次会议经贸成果 ［EB/OL］. 中国政府网，2020-12-01.

基础。

（三）中国与中亚国家互为重要的经贸伙伴

经过 30 年的发展，中国与中亚国家经贸关系飞速发展，双方贸易额在彼此对外贸易额中不断提高，彼此成为重要的贸易伙伴。从总体贸易金额来看，中亚地区国家在中国对外贸易金额占比较小，但具有重要的战略价值。

中国已成为中亚国家最大的贸易伙伴之一。1995 年，中国与中亚国家的进出口总额占中亚国家对外贸易总额的 3.8%，其中进口额占中亚国家总进口额的 2.9%，出口额占中亚国家出口额的 4.4%。2014 年，中国与中亚国家的进出口总额占中亚国家对外贸易总额的 24%，其中进口额占中亚国家总进口额的 31.8%，出口额占中亚国家出口额的 18.8%。[①]

目前，中国已经成为中亚国家哈萨克斯坦、土库曼斯坦、乌兹别克斯坦、吉尔吉斯斯坦和塔吉克斯坦最大的贸易伙伴之一。2015 年，中国成为哈萨克斯坦第二大贸易伙伴，无论进口还是出口都占据第二位，哈萨克斯坦也是中国在中亚地区的第一大贸易伙伴。[②] 2019 年，哈萨克斯坦对华贸易总额为 143.9 亿美元，较上年增长了 23%，占哈萨克斯坦对外贸易总额的 15%。[③]

中国与土库曼斯坦建交之初，双边贸易总额非常低。1996 年，中土双边贸易额也只有 1147 万美元。进入新世纪之后，中土贸易额开始飞速飙升。2001年，中土贸易总额同比增长 102.4%。2005 年，中土贸易总额首次破亿。2006年，中土贸易总额同比增长达到 62.4%。2011 年，中土贸易总额达到 54.8 亿美

① 马骧，李四聪. 中国与中亚五国贸易互补性与竞争性分析——以"丝绸之路经济带"为背景 [J]. 新疆财经大学学报，2016（1）：5-13.

② 吴宏伟. "一带一路"视域下中国与中亚国家的经贸合作 [J]. 新疆师范大学学报（哲学社会科学版），2018（3）：2，94-101.

③ 2019 年中国为哈萨克斯坦第二大贸易伙伴 [EB/OL]. 中国商务部网站，2020-02-18.

元，同比增长 250%。2012 年，中土贸易再创新高，达到 103.7 亿美元，同比增长 89.3%。①

2009 年，中国成为乌兹别克斯坦第二大贸易伙伴。2018 年，根据乌兹别克斯坦国家统计局公布数据，中国与乌兹别克斯坦贸易总额为 62.6 亿美元，同比增长 48.4%。2019 年 1—8 月，双边贸易额达到 45.3 亿美元，同比增长 17%。中国已成为乌兹别克斯坦第一大贸易伙伴。在保持乌兹别克斯坦第一大贸易伙伴的同时，截至 2023 年年末，"中乌双边贸易额同比增长 40%，投资合作呈现积极态势，中国在乌投资增长 4 倍，在乌中资企业数量增长 2 倍"②。自中国与吉尔吉斯斯坦建交以来，双方经贸关系稳步推进，贸易总额从建交之初双方的 3548 万美元增长到 2008 年的 7.7 亿美元，中国成为吉尔吉斯共和国第二大贸易伙伴。2018 年，中国与吉尔吉斯斯坦双边贸易额达到 56 亿美元，与建交之初相比增速达到 150 倍。③ 2022 年，中国与中亚五国贸易额达到 702 亿美元，其中，中国与吉尔吉斯斯坦贸易额约 155 亿美元，同比增长 105.6%。④ 中塔建交以来，双边贸易额总量不大，直到 2016 年第一季度中国首次超越俄罗斯成为塔吉克斯坦第一大贸易伙伴，其后塔吉克斯坦第一大贸易伙伴几易其主，但中国基本保持着塔吉克斯坦对外贸易最大伙伴之一的位置。

中国成为中亚最大投资伙伴国家。在上海合作组织框架下，中国对中亚地区国家通过双边或多边渠道投资规模不断扩大。2006 年，中国对中亚地区国家的直接投资为 4.46 亿美元，2014 年中国对中亚的直接投资达到了 100.94 亿美

①　赵青松．中国与土库曼斯坦经贸合作的历史、现状与前景展望［J］．新疆财经，2013（6）：64-70．

②　2024 中国—乌兹别克斯坦国际农业科技贸易展将于 11 月在塔什干举办［EB/OL］．青岛日报官网，2024-06-27．

③　冯玉军．中国与中亚国家关系：现状与趋势［J］．当代世界与社会主义，2019（6）：146-153．

④　充分挖潜 加强双边贸易往来——访吉尔吉斯斯坦外交部副部长阿伊别克·莫尔多加齐耶夫［EB/OL］．天山网，2023-08-18．

元，增长了 20 多倍。① 在"丝绸之路经济带"倡议推动下，中国在中亚的投资规模不断攀升。2015 年，中国在哈萨克斯坦的直接投资约为 12 亿美元，占哈萨克斯坦外来投资总额的 22%。2018 年年底，中国在哈萨克斯坦累计投资达 430 亿美元，各类贷款超过了 500 亿美元，哈萨克斯坦成为中国在"一带一路"沿线最大的投资目的国。② 与此同时，中国也成为乌兹别克斯坦、吉尔吉斯斯坦第一大投资国。仅 2016 年上半年中国对乌兹别克斯坦的直接投资和贷款就达 65 亿美元。③ 中国是塔吉克斯坦最大的投资来源国，从建交至 2016 年年底，中国对塔吉克斯坦直接投资总额为 11.67 亿美元。截至 2020 年年底，中国在塔吉克斯坦累计投资超过 30 亿美元。其中，2020 年投资额为 1.52 亿美元，占塔吉克斯坦外国投资总额的 35%。④

中国与中亚国家经贸合作领域不断扩大。长期以来，中国与中亚国家经贸合作主要集中在能源、矿产、贵金属和粮食上。其中，能源贸易占据很大份额。近几年来，随着中国与中亚国家贸易额的不断攀升以及"丝绸之路经济带"倡议不断深入推进，双方贸易合作领域也不断扩大。中国与中亚在基础设施建设，如公路、隧道、铁路等交通运输领域合作不断加强，这其中有中吉乌铁路、阿斯塔纳轻轨项目、塔吉克斯坦瓦亚铁路、中塔公路二期建设项目等。2015 年，中国为吉尔吉斯斯坦提供 3200 万美元无偿援助用以改造比什凯克市"茹科耶夫-布多夫金街""阿乌埃佐夫街""甘地街"等路段，新疆特变电工建设了"达特卡-克明"500 千伏南北电网，改造了变电站和比什凯克热电厂等项目。⑤

---

① 张方慧."一带一路"背景下中国与中亚国家经贸合作：现状、机制与前景 [J]. 现代管理科学，2018（10）：18-20.
② 李进峰. 中国与中亚国家"一带一路"产能合作现状及进展 [J]. 欧亚经济，2019（6）.
③ 全浙玉. 我国与中亚五国经贸金融合作现状、障碍及对策 [J]. 对外经贸实务，2016（11）：58-61.
④ 中国对塔吉克斯坦的投资总额累计已超过 30 亿美元 [EB/OL]. 经济日报-中国经济网，2021-05-26.
⑤ 冯玉军. 中国与中亚国家关系：现状与趋势 [J]. 当代世界与社会主义，2019（6）：146-153.

此外，葡萄酒产业成为哈萨克斯坦对华贸易新的增长点。2015年，哈萨克斯坦向中国出口葡萄酒72.7万升，占哈萨克斯坦葡萄酒出口总量的99.7%，与同期相比增长7.4%。随着中国与澳大利亚贸易争执不断加大，中国葡萄酒市场中一直由澳大利亚占据的份额引起哈萨克斯坦葡萄酒生产商卡基姆扎诺夫的极大关注，哈萨克斯坦葡萄酒出口份额中中国占据了绝大部分，要填补澳大利亚留下的缺口，哈方需要足够的资本投入，除此之外哈方占据所有其他优势。①

综上来看，无论是中国与中亚国家经贸增速态势，还是中国在中亚地区的直接投资额度，以及当前中国与中亚经贸合作领域的不断拓宽，都充分反映出中国在中亚地区国家经贸领域的重要作用。与中亚国家的贸易额在中国对外贸易额中占据非常小的比重，但其意义非同小可。一方面，中亚国家是"丝绸之路经济带"倡议西进的第一站，与中亚国家贸易发展对于推动"丝绸之路经济带"向纵深发展具有外溢与示范效应。另一方面，中亚地区成为中国企业"走出去"的重要区域。从改革开放时期"引进来"到今天中国企业、资本、技术"走出去"，中国以及世界正在经历由"中国制造"到"中国创造"。中国企业从"中国制造"到"中国创造"，不仅需要中国民众努力去适应、接受，国际社会对于中国企业也需要这样一个过程。这一进程必将会对中亚地区社会经济发展带来巨大的推动作用，正如曾经的外企对中国经济发展所做的贡献一般，不仅带来资金、技术，还带来先进的管理经验和优质的企业文化。

四、地缘相近和相同的国家属性是构筑利益共同体的地缘基础和价值基础

中国与中亚国家山水相连，历史往来友好，古丝绸之路繁荣曾为中亚国家与中国带来了美好的历史记忆。中国与中亚国家不仅地缘上亲近，而且国家属性也基本相同，即同为发展中国家。因此，中国和中亚国家有着相似的国际境

---

① 全浙玉.我国与中亚五国经贸金融合作现状、障碍及对策［J］.对外经贸实务，2016（11）：58-61.

遇，有着共同的国际政治经济诉求。中国提出的互信、互利、平等、协商、尊重多样文明、谋求共同发展的"上海精神"成为中国与中亚国家的基本遵循，双方共同推动平等、共同、综合、可持续安全的新安全观以及构建更加公平、公正的国际安全体系。中国提出的新的义利观、新发展观、新文明观也得到了中亚国家的广泛认可与共鸣。可以说，中国与中亚国家地缘上的亲近，在国际政治、经济、安全、文化领域形成的价值共识，已成为构建中国与中亚国家利益共同体的地缘基础和价值基础。

（一）中国与中亚国家山水相连是构筑利益共同体的地缘基础

中国与中亚在地理位置上紧密相连。从地缘位置上看，中亚与中国西部地区紧密相连，为中国与中亚国家人员及物资运输带来了天然的便利。从政治意义来看，中亚为当前中亚五国所统辖区域。从地理意义上来看，亚洲地理中心位于中国新疆乌鲁木齐市乌鲁木齐县，即真正地理意义上的中亚中心位于中国新疆乌鲁木齐。[①] 因此，政治意义上的中亚位于亚洲中部偏西，也即中亚西亚的简称，意指亚洲中西部的内陆地区，总面积约为 400 万平方千米，经纬度范围为 $35°14'N—55°40'N$，$46°50'E—87°20'E$，也即当前中亚国家所处区域，该区域历来是联通亚洲大陆的关键枢纽。中国作为亚洲最东端的国家，幅员辽阔，横跨 $73°33'E—135°05'E$，与中亚地区紧密接壤，边界线长达 3300 千米。中亚地区的哈萨克斯坦、塔吉克斯坦、吉尔吉斯斯坦是中国的重要邻国，与中国新疆地区山水相连。横贯中国新疆中部的天山山脉以及贯穿亚欧大陆的帕米尔高原、额尔齐斯河、塔里木河与伊犁河将中国与中亚地区紧紧地联系在一起，形成了"你中有我，我中有你"不可分割的地理现实。这种不可分割的地理现实也为双方在土壤沙化、跨境病虫害、生物资源多样性等领域开展合作与交流提供了不

---

① 1992 年，由中国科学院新疆地理研究所会同中国科学院院士、欧亚科学院院士、地图学家、遥感学家、地理信息学家，依据彭纳投影技术的亚洲地图为基础，采用现代科技手段与设备测定出亚洲大陆地理中心（简称"亚心"）。

可回避的地理条件。

中国与中亚国家建交以来，双方在土壤沙化方面进行了长期合作。土壤沙化是当前世界最受瞩目的生态问题之一，它直接影响到人类的社会生活与发展。中亚与中国新疆地质结构极为相像，土壤沙化是普遍存在的问题。2013年，《今日哈萨克斯坦报》披露，哈萨克斯坦约66%的土地在退化，将近1.8亿公顷土地沙化，其土地沙化面积为地区之首。中国新疆塔里木河下游、克里雅河下游以及玛纳斯河下游的湖泊干枯导致植被退化甚至消失，不少野生动物灭绝。① 中亚咸海环境恶化深刻影响着人类活动以及地区气候的变化。咸海水域面积急剧减小，由此产生的盐尘严重影响地区生态环境和人类健康。为此，中国与中亚国家已展开深入合作。中国新疆生态与地理研究所的科研团队与咸海国际创新中心将新疆荒漠化治理方案移植到中亚，在咸海周边建起了盐生植物园区。目前，该园区有20多种耐盐植物长势良好，其中一些植物不仅能够降低土壤盐碱度，还能成为动物的草料。②

在跨境病虫害方面，以蝗虫为例，中国新疆与中亚哈萨克斯坦蝗虫灾害最为显著。一方面，新疆本土蝗虫种类繁多、分布广且数量大，平均每年都会发生规模不等的蝗灾，对新疆畜牧业健康发展产生严重影响。另一方面，来自邻国哈萨克斯坦的蝗虫常常跨境对新疆地区造成危害。1999年，由哈萨克斯坦入境新疆塔城地区的蝗灾直接经济损失达 3.26×10^8 元。③ 为此，中国与哈萨克斯坦签署了《中华人民共和国农业部与哈萨克斯坦共和国农业部关于防治蝗虫及其他农作物病虫害合作的协议》，从而为中国与中亚国家开展跨境病虫害合作奠定了基础。

生物资源的多样性是人类良好社会生活得以为继的重要条件。随着人类社

---

① 杨小平. 中亚干旱区的荒漠化与土地利用 [J]. 第四纪研究，1998（2）：119-127.
② 建园育苗，新疆荒漠化治理方案用到了咸海 [EB/OL]. 天山网，2020-12-01.
③ 于冰洁，陈吉军，季荣. 新疆蝗虫及其监控技术研究进展 [J]. 应用昆虫学报，2019（5）：927-933.

会人口数量的激增以及社会经济的飞速发展，人类社会生活环境急剧恶化。为此，保护良好的生态环境，实现生物的多样性是人类面临的共同问题。中国与中亚国家独立之初就此形成良好的合作关系。哈萨克斯坦共和国科学院相关研究机构就与新疆生土所签署合作协议，以双方生态环境合作为重点方向。与此同时，双方开展相关科研机构人员的合作与交流。新疆生土所先后邀请哈萨克斯坦、土库曼斯坦相关专家及科研人员来新疆边境地区进行土壤、植被、荒漠治理以及干旱地区生物多样性等领域的考察与调研。① 目前，中国科学院与中亚哈萨克斯坦农业部、吉尔吉斯斯坦科学院、塔吉克斯坦科学院、乌兹别克斯坦科学院共同组建中亚生态与环境研究中心，并形成以生态系统、水资源、地质、气候变化、环境污染、可持续发展和农业技术为中心的 7 大领域的互惠合作。② 由中国科学院牵头的中亚生态与环境研究中心以新疆乌鲁木齐为总部，在阿拉木图、比什凯克和杜尚别分别设立 3 个分中心、3 个实验室及 3 个信息中心，在中亚国家建成了 15 个野外观测站和 4 个农业与生态技术试验示范区。③ 中国与中亚相关机构开展的生态合作对保护地区良好的生态环境、保护地区物种的多样性发展具有重大的现实价值。

中国与中亚国家山水相连的地缘条件与环境造就了双方共同的地缘生态条件与环境，这种地理条件、生态环境将对双方的生存与发展产生持续影响。中国与中亚国家在相关领域的合作及共同努力，将成为中国与中亚国家构筑利益共同体的地缘基础。

（二）中国与中亚国家同为发展中国家有着共同的国际境遇

发展中国家是相对于发达国家而提出的一个概念，一般是指那些曾经遭受

---

① 李久进. 中亚干旱区研究与国际合作前景 [J]. 干旱区研究，1994（2）：63-65.
② 新疆生态与地理研究所. 中央媒体聚焦中亚生态与环境科技合作 [EBOL]. 中国科学院网，2019-06-18.
③ 新疆生态与地理研究所. 中央媒体聚焦中亚生态与环境科技合作 [EBOL]. 中国科学院网，2019-06-18.

过西方世界殖民统治、压迫、剥削的国家，这些国家在争取民族独立后，依然经济落后，在国际政治经济体系中依然处于不平等、受剥削、受压迫的地位。

1840 年，英帝国主义用坚船利炮敲开了中国的大门，清政府被迫签订了丧权辱国的《南京条约》。由此，中国开始沦为半殖民地半封建社会。中国的仁人志士经过百年的奋斗与探索、流血与牺牲，最终在中国共产党的领导下，经过艰苦卓绝的奋斗，推翻了帝国主义、封建主义和官僚资本主义对中国人民的压迫与剥削，实现了民族独立与人民解放，并于 1949 年建立新中国。新中国成立后，才彻底摆脱了西方列强对中国大地的剥削与压迫。

19 世纪中叶前后，随着哈萨克大草原被沙俄吞并，沙皇俄国先后征服了浩罕汗国、布哈拉汗国、希瓦汗国以及土库曼斯坦地区。20 世纪初，随着俄国资产阶级民主革命的爆发以及第一次世界大战的影响，中亚地区各民族也开始觉醒，并逐步走向民族解放与独立进程。由于中亚民族解放和独立运动与俄国无产阶级革命方向、目标有着高度的重合，而其现代民族意识及整个民族经济文化水平都不可能超越十月革命的先进性①，因而自然而然成为俄国十月革命的一个组成部分，进而成为苏维埃社会主义联盟的组成部分。20 世纪末，苏联解体，中亚国家相继独立。中亚国家曾是苏联整个计划经济体系的重要组成部分，苏联的解体完全打破了中亚国家原有的社会经济体系。中亚经过 30 年的社会经济体系重建，虽取得一定成绩，但社会经济发展依然面临一系列问题，个别国家经济水平甚至尚未达到苏联解体前的水平。

中国作为最大发展中国家与中亚国家有着类似的国际境遇。二战后，广大亚非拉地区虽然迎来了民族独立，建立了现代民族国家，并作为一股新型力量登上国际舞台。但是，广大发展中国家依然处于西方主导下的、不合理的、不公正的国际政治、经济体系之下，一方面表现为西方依托其主导的国际协调机

---

① 吴楚克. 苏联中亚加盟共和国走向独立的原因及影响［J］. 中国人民大学学报，2001（6）：94-100.

制，不断推行强权政治和霸权主义，倚强凌弱、以武力威胁、以牺牲他国安全来维护自身安全，肆意践踏国际法和国际行为准则；另一方面，表现为以不合理的国际分工、不等价交换的国际贸易，以国际垄断资本操纵、控制广大发展中国家成为其附庸。阿根廷经济学家劳尔·普雷维什提出的"中心—外围"说，就是对发展中国家所处地位与境遇的一个很好说明。经济全球化深入发展不仅没有消除发达国家与发展中国家之间的不平等，反而进一步扩大二者之间的差距。这种差距的产生不仅仅在于所处地理方位、发展阶段的不同，更在于国际体系不平等、不公正、歧视性的境遇。中国与中亚国家虽处不同历史发展阶段，经济规模以及质量也有所差异，但依然同为发展中国家。中国与中亚国家同处于发展中国家的国际地位，在国际政治经济社会中有着共同的国际境遇，因而也有共同的价值共识。

（三）中国与中亚国家有着共同的价值基础

当前，国际政治经济体系都是由西方所主导、制定的，其基本理念、游戏规则都是以维护西方国家利益为基本目标，广大发展中国家基本处于从属、被剥削、被压迫的地位。虽然中国已经成为世界第二大经济体，但人均总量依然处于发展中国家地位，在国际政治、经济、安全、文化乃至生态等领域依然遭受西方社会的打压、威胁，与广大发展中国家遭受着同样不公平、不公正、不合理的国际境遇。为了改变广大发展中国家所处的国际境遇，新中国建立后不久中国就提出了第三世界理念，并作为两极世界之外的第三股力量推动了世界多极化的发展。新时期，中国以正确的义利观引领新安全观、新文明观、新世界观等，得到了中亚国家的广泛认可与共鸣，已成为构建中国与中亚国家利益共同体的价值基础。

义利观是中华民族千百年来历史沉浮中所积淀的文化精髓。由义利二字所形成的四字成语就能够充分反映出尊"义"轻"利"的文化价值观念，如义薄云天、忠肝义胆、舍生取义、义不容辞等，都是对"义"行的最好褒奖。同样，对于违背社会公序良俗等行为，常常使用忘恩负义、假仁假义等词汇进行批评。对于"利"的使用更是一针见血：见利忘义、唯利是图、利令智昏、急功近利等。当然，并非与"义"相关的都是褒义，与"利"相关的都是贬义。上述举例只是想从一个侧面反映中华文化中的重义轻利、见利思义的文化价值倾向。新时期，中国将中国传统文化精髓——义利观，运用于全球治理。习近平主席指出，"'国不以利为利，以义为利也。'在国际合作中，我们要注重利，更要注重义"①。中国主张以"义中有利、见利思义"的正确义利观引领全球治理理念变革，反对西方国家"利益至上"的国家利益观念，反对西方霸道，强调人道、尊重、平等、合作、共赢。在正确义利观的引领下，中国积极倡导共同、综合、合作、可持续的新安全观，为人类社会安全发展提供了新理念。

新安全观是相对于旧安全观的一个安全理念与主张，倡导世界各国树立共同、综合、合作、可持续的安全观念。新安全观主张共同安全、普遍安全，反对一国安全而他国不安全，更不能以牺牲他国安全来实现自身安全。新安全观倡导综合安全，不仅要维护传统安全，而且要考虑当前影响世界各国的非传统安全，更要关注传统安全与非传统安全相互交织所产生的一系列安全问题。合作安全，就是要通过对话合作促进各国和本地区安全；可持续安全，就是要发展和安全并重以实现持久安全。② 2014 年 5 月，习近平主席在亚信会议上的讲话指出，"要跟上时代前进步伐，就不能身体已进入 21 世纪，而脑袋还停留在冷战思维、零和博弈的旧时代。我们认为，应该积极倡导共同、综合、合作、可持续的亚洲安全观，创新安全理念……"③。这是新安全观的首次提出。此后，习近平主席多次在不同国际场合积极倡导新安全观。新安全观与旧安全观最大的不同就在于，以相互尊重、平等互利为基础，共同生活、共同发展、共

① 习近平. 共创中韩合作未来 同襄亚洲振兴繁荣——在韩国国立首尔大学的演讲 [N]. 人民日报，2014-07-05（02）.

② 习近平. 习近平谈治国理政：第一卷 [M]. 北京：外文出版社，2014：355-356.

③ 习近平. 习近平谈治国理政：第一卷 [M]. 北京：外文出版社，2014：354.

同安全为目的，摒弃传统安全观念中的不信任、意识形态相互攻讦和利益局限，把同盟作为安全的唯一基础。2018 年 6 月，上海合作组织成员国元首理事会青岛宣言强调"上合组织……致力于以平等、共同、综合、合作、可持续安全为基础构建更加公正、平衡的国际秩序……"①

新文明观是与西方文明冲突观相对立的一种文明观念。2018 年 6 月，习近平主席在上海合作组织成员国元首理事会第十八次会议上发表"弘扬'上海精神'，构建命运共同体"的主旨演讲指出，"我们要树立平等、互鉴、对话、包容的文明观，以文明交流超越文明隔阂，以文明互鉴超越文明冲突，以文明共存超越文明优越"②。在诸多国际场合，习近平主席多次引经据典来阐述新文明观的内涵，以"物之不齐，物之情也；万物并育而不相害，道并行而不相悖；一花独放不是春，百花齐放春满园"来说明世界的多样性、文明的多样性是世界文明发展的自然之理，以反对西方学者提出并在西方社会大行其道的"文明冲突论"。2020 年，上海合作组织元首理事会莫斯科宣言强调，成员国要倡导文明对话，鼓励开展文化对话，保护文化的多样性。③ 2021 年上海合作组织二十周年杜尚别宣言指出，"在相互尊重、包容各国传统和价值观，通过合作实现文化融合方面，本组织为国际社会树立了典范"④。人类社会发展至今，不同文明交相辉映、包容互鉴，才造就世界灿烂辉煌的历史文化以及今日人类社会文明，不同文明间的兼容并蓄、交流互鉴才是这个世界应有之色。

从中国倡导正确的义利观、新安全观、新文明观，到新世界观——人类命运共同体，体现了一整套关于促进人类和平与发展的中国思想、中国理念、中

---

① 上海合作组织成员国元首理事会青岛宣言［EB/OL］. SCO，2018-06-10.

② 习近平在上海合作组织成员国元首理事会第十八次会议上的讲话［EB/OL］. 新华社，2018-06-10.

③ 上海合作组织秘书处. 2020 上海合作组织成员国元首理事会莫斯科宣言［EB/OL］. 上海合作组织秘书处网，2020-06-15.

④ 上海合作组织秘书处. 2021 年上海合作组织成员国元首理事会杜尚别宣言［EB/OL］. 上海合作组织秘书处网，2021-06-15.

国智慧与中国实践，不仅得到了中亚国家的广泛认可与共鸣，成为中国与中亚国家未来的发展方向，而且也为世界各国的和平与发展大道指明了方向，并注入了实实在在的能量。

五、中亚—中国能源管道是构筑中国与中亚国家利益共同体的能源基础

一次世界大战以来，能源虽作为一种商品，但能够成为左右一国国家战略、国际政治经济地位与实力的重要因素。从希特勒入侵苏联到日本偷袭珍珠港，再到第一次海湾战争，无不充斥着能源因素。美国长期祸乱中东、高加索，搅局中亚，除地缘政治因素外，能源因素是其维持霸权最重要的因素。因此，在当前以及未来可以预见的很长一段时间内，在人类无法找到能够完全替代能源的产品之前，能源作为一项战略性资源，无论如何描述其重要性都不为过。当前，能源资源作为一项战略性资源直接影响着中国经济和社会的发展进程，为实现中华民族伟大复兴，中国东进西出、南上北下、四面出击，不断寻求国家能源的安全保障。中亚国家作为能源输出国，能源市场多元化则是其能源安全战略的目标，中亚—中国能源管道建设不仅成为中国能源安全战略重要的一环，而且成为中亚国家能源多元化的重要组成部分。中亚—中国能源管道建设与运行不仅能够推动中国与中亚国家政治关系更加友好、经济纽带更加牢固、安全合作更加深化，而且能够推动双方人文联系更加紧密。

（一）中哈石油管道建设开启中国与中亚国家能源全面合作

中哈原油管道是中国首条通过陆路进口原油的管道，也是中国与中亚地区建立的首条能源管道。20 世纪 90 年代中期以来，中国与哈萨克斯坦能源合作日益加强，其中石油合作是中国与哈萨克斯坦能源合作的龙头项目。中国不仅从哈萨克斯坦进口石油，中国石油企业也获得了哈萨克斯坦部分油田的开采权。由此，中哈原油管道项目被提上议事日程。但由于该管道年设计供应量、管道

成本等因素被搁置。进入 21 世纪后，一方面，哈萨克斯坦石油勘探开发能力加强，需进一步开拓能源出口市场；另一方面，中国需寻求更为安全的能源进口通道，中国与哈萨克斯坦在石油领域的利益趋于一致。由此，中哈石油管道建设项目再次被双方提上议事日程。2002 年，中石油与哈萨克斯坦国家石油天然气股份公司经过多轮磋商与谈判后，决定以共同出资的方式修建阿特劳至肯基亚克段的石油管线，该管线全长 448 公里，年输油能力为 1500 万吨。经过一年的建设，阿特劳至肯基亚克石油管线全线通油。阿特劳至肯基亚克石油管线后被视为中哈石油管道一期工程或前期工程。

2004 年 6 月，中石油与哈萨克斯坦国家石油天然气股份公司经过多轮磋商与谈判后，决定以各自出资 50% 的方式共同修建哈萨克斯坦阿塔苏至中国阿拉山口的石油管道。同年 9 月，哈萨克斯坦至阿拉山口原油管道开工建设，经过一年零两个月的施工，中哈石油管道完成施工。该管线全长 962.2 公里，其中哈萨克斯坦境内全长 960 公里，中国境内 2.2 公里，该管道初期设计输入量为 1000 万吨，最终年设计输油量为 2000 万吨，哈萨克斯坦和俄罗斯各提供 50% 的输油量。① 2006 年 5 月 25 日，中哈石油管道正式通油。由此，中国石油进口开启以管道方式进口的模式，中哈石油管道进入大发展时代。哈萨克斯坦阿塔苏至中国阿拉山口的石油管道后被视为中哈石油管道的二期工程。

为进一步拓展中国与哈萨克斯坦原油进出口的合作，中哈双方决定实现哈萨克斯坦西部里海地区原油向中国输出的决定，即实现了阿特劳至肯基亚克石油管线与阿塔苏至中国阿拉山口的石油管线的对接。2008 年 4 月，中哈石油管道一期工程末端肯基亚克至中哈石油管道二期工程前端阿塔苏段能源管道开始

---

① 中哈双方在中哈原油管道阿特劳至阿拉山口段建设之初就达成共识，该段油源问题将全部由中国负责。为此，中国方面已对油源问题做好了充分的准备。一方面，由中国石油天然气并购的哈萨克斯坦石油公司（PK）年产石油 700 万吨，中国石油-阿克纠宾分公司年产 600 万吨，由此中国在此可支配石油已达 1300 万吨。另一方面，俄罗斯鄂木斯克至土库曼斯坦查尔朱原油管道途经阿塔苏，该管道当时基本处于半停滞状态，俄罗斯石油公司对于通过中哈石油管道向中国出口石油表示强烈意愿。

施工建设，即实现了中哈石油管道一期工程与二期工程的对接。2009 年 10 月，肯基亚克至中哈石油管道二期工程前端阿塔苏段工程第一阶段——肯基亚克至库姆科尔段完工，并投入试运营。肯基亚克至中哈石油管道二期工程阿塔苏段工程第二阶段为库姆科尔—卡拉科因—阿塔苏段，该段工程主要是对原有库姆科尔—卡拉科因—阿塔苏原油管线与一期管线的贯通，并对库姆科尔—卡拉科因—阿塔苏原油管线进行改建、扩建。

目前，中哈原油管道已实现全线贯通，形成西起哈萨克斯坦西部阿特劳东至中国新疆阿拉山口—独山子原油管道，全线总长 3088 公里。中哈石油管道横穿哈萨克斯坦全境，哈萨克斯坦境内全长 2818 公里，中国境内 270 多公里。2009 年至 2021 年，中哈原油管道连续 10 年向中国出口原油年输入量超过 1000 万吨，已累计向中国输送原油超 1.5 亿吨。① 哈萨克斯坦每年向中国出口的原油占其出口总量的 16% 左右。2016 年，中国已成为哈萨克斯坦第二大原油进口国。② 中哈原油管道的建设不仅为中哈双方能源进口与出口提供了多元选择，也为哈萨克斯坦管道建设地区居民创造了诸多就业福利，还为哈萨克斯坦南部地区带来能源消费的便利化，更为中国与中亚国家能源领域的合作提供经验，开辟了新的路径与方向——中亚—中国天然气管道。

（二）中亚—中国天然气管道建设推进中国与中亚能源深度合作

中亚—中国天然气管道是一条始于土库曼斯坦，途经乌兹别克斯坦、哈萨克斯坦最终抵达中国新疆霍尔果斯，然后与中国西气东输管道对接，进入中国内地的一条国际天然气运输大通道。中亚—中国天然气国际大通道的国际性主要体现在它横跨中亚三国并最终抵达中国。首先，中亚—中国天然气国际大通道的"大"字体现为该管道输送的天然气惠及人口规模大，中亚天然气通过中

---

① 中哈原油管道累计向中国输送原油超 1.5 亿吨［EB/OL］. 央广网，2022-04-07.
② 中哈原油管道输油量突破一亿吨［EB/OL］. 人民网，2017-04-03.

亚—中国天然气管道已惠及中国内地 27 个省、自治区、直辖市和香港特别行政区的几亿人口。① 其次，体现为管线的长度，中亚—中国天然气管线全长 10812 公里，是世界上最长的天然气管道。再次，中亚—中国天然气管线构成较为复杂，由 A、B、C、D 四条线共同组成。其中，A、B、C 线为并行管道，现已全线投产运营，D 线项目正在建设之中。由此，以其惠及人口规模、管线长度及构成复杂程度共同构成了中亚—中国天然气国际运输大通道。

中亚—中国天然气管道构想源于哈中石油管道的建设启发。胡锦涛主席在任期间曾就建设哈中天然气管道与哈萨克斯坦达成了意向协议。随后，中哈双方开始就哈中天然气管道建设的可行性进行了研究。与此同时，中国与其他中亚国家就建设中亚—中国天然气管道项目继续进行协商，并先后与土库曼斯坦、乌兹别克斯坦和哈萨克斯坦签署了《关于实施中土天然气管道项目和土库曼斯坦向中国出售天然气总协议》《中乌两国企业间管道建设与运营原则协议》《中哈天然气管道的建设和运营原则协议》。由此，中亚—中国天然气管道项目建设正式开启。

2008 年 7 月，中亚—中国天然气管道 A 线、B 线基本同期并线建设。2009 年 9 月，中亚—中国天然气管道 A 线施工完成，并通气运营。2010 年 12 月，中亚—中国天然气管道 B 线完工通气。由此，中亚—中国天然气管道 A、B 两线实现全线贯通。2012 年 9 月，为了进一步满足国内对清洁能源的需求，实现对乌兹别克斯坦和哈萨克斯坦天然气的进口，中亚—中国天然气管道 C 线管道建设全面启动。中亚—中国天然气管道 C 线管道与 A 线和 B 线为并行管道，年设计输气能力 250 亿立方米。② 2014 年 6 月 15 日，中亚—中国天然气管道 C 线管道全线贯通，来自 C 线管道的天然气进入中国。C 线管道气源来自土库曼斯坦、乌兹别克斯坦和哈萨克斯坦三国，被乌兹别克斯坦和哈萨克斯坦两国政府视为

① 闫铁，屈俊波，孙晓峰，等. 控压钻井回压压力波在井筒中传播的速度和时间规律 [J]. 天然气工业，2017（11）：77-84.

② 中亚天然气管道 C 线开始向国内通气 [EB/OL]. 人民网，2014-06-16.

重点工程。C线管道建设将乌兹别克斯坦和哈萨克斯坦两国由A、B两线管道过境国转变为天然气供应国，进一步实现了乌兹别克斯坦与哈萨克斯坦天然气出口的多元化格局。

目前，中亚—中国天然气管道已全线运营，形成A、B、C三线并行，在进入中国新疆霍尔果斯后三线合一，与中国西气东输管网系统形成对接，年输入量约为550亿立方米。中国每年从中亚—中国天然气管道进口的天然气占中国天然气消费总量的15%以上①。

中亚—中国天然气管道D线与A、B、C线非并行管道。中亚—中国天然气管道D线起始于土库曼斯坦与乌兹别克斯坦边境，途经乌兹别克斯坦、塔吉克斯坦、吉尔吉斯斯坦，最终进入中国新疆克尔克孜自治州乌恰县。中亚—中国天然气管道D线建成后，将与西气东输五线相接。目前，中亚—中国天然气管道D线正在建设之中，预计2023年通气，年设计输入量300亿立方米，届时中亚—中国天然气管道输入中亚的天然气总量将达到每年850亿立方米。

由此可见，中亚—中国天然气管道不仅仅是一条跨境输气管道，还是一条连接中国与中亚所有国家的能源管道，是一条惠及中国与中亚地区所有国家能源合作利益的管道。

（三）中亚—中国能源管道推动双方在能源领域的深度融合

自2002年中哈石油管道一（先/前）期工程阿特劳至肯基亚克段开始修建后，中国先后与中亚国家哈萨克斯坦、土库曼斯坦和乌兹别克斯坦达成修建中亚—中国天然气管道项目。目前，除中亚—中国天然气管道D线项目尚未完工外，中亚—中国石油管道于2006年5月实现通油，中亚—中国天然气管道分别于2009年12月、2010年12月和2014年6月实现通气。中亚—中国能源管道建

---

① 今年上半年中亚天然气管道向中国输气量达1635万吨［EB/OL］．中新网，2018-07-17.

设不仅实现了双方能源出口与进口多元化需求，还进一步推动中亚与中国在能源深度合作、成品油转型升级、大口径钢管制造、液化石油气（LPG）、民生等领域展开的全方位合作与互动，深化了彼此间的互信与民间交往。

中亚—中国（中哈）天然气管道二期工程——哈萨克斯坦的别伊涅乌—巴佐伊—奇姆肯特，与中亚—中国天然气管道（中哈天然气管道一期）相连，线路总长 1454 公里，年设计输入量为 100 亿立方米。2012 年 7 月，中亚—中国（中哈）天然气管道二期工程开始施工建设。2013 年 9 月，中亚—中国（中哈）天然气管道二期工程第一阶段正式通气，哈萨克斯坦南部地区从此告别无天然气可用的历史。[1] 截至 2017 年 3 月，中亚—中国（中哈）天然气管道二期工程已向哈萨克斯坦南部地区输气 63.63 亿立方米，随着管线扩容，该管道不仅能够满足哈萨克斯坦南部地区用气，还可将剩余天然气通过中亚—中国天然气管道 A、B、C 线输往中国，年供气能力 50 亿立方米。[2] 中亚—中国（中哈）天然气管道二期项目不仅实现了中哈两国的能源安全，也为哈萨克斯坦国家的经济发展、民生改善提供了强有力的资金支持，成为造福两国人民能源合作的典范。

哈萨克斯坦奇姆肯特炼油厂现代化升级是中哈两国近几年能源合作的延伸项目。2018 年，奇姆肯特炼油厂现代化升级过程完工。该项目的完成对提高哈萨克斯坦原油加工的能力、成品油的产量以及质量都有了很大帮助，使其成品油达到欧 V 标准，满足了当前哈萨克斯坦市场对成品油的需求。同时，也为哈国家经济发展、环境改善、社会稳定和创造就业发挥重要作用。

目前，中哈在液化石油气（LPG）领域又达成新的合作项目。液化石油气是石油化工领域的重要原料，常温下液化石油气表现为一种气体，但在一定压力或冷冻状态下可以液化为液态。可以使用汽罐车、火车（罐车）等交通工具运载。中哈液化石油气合作始于 2010 年，随着中亚—中国液化石油气（LPG）

---

① 中哈能源合作：互利共赢的典范 [EB/OL]. 国家能源局网站，2017-05-09.
② 中哈能源合作 20 年，那些你不知道的事 [EB/OL]. 新浪网，2017-05-08.

进出口规模加大，2020 年中国与哈萨克斯坦就液化石油气管道项目建设达成协议，以解决 LPG 在罐装条件下运输能力有限、成本高、损耗大等影响因素。哈中液化石油气（LPG）管道设计全长 300 公里，起点位于哈萨克斯坦境内的液化石油气首站，由阿拉山口进入中国境内直达新疆独山子石化。①

此外，亚洲大口径钢管制造项目作为中哈两国能源合作的延伸，充分体现中亚与中国能源领域合作的深度融合。2017 年，中哈两国元首见证了该项目的开工奠基仪式。中哈两国亚洲大口径钢管制造项目不仅拓展了中哈油气领域的合作，也实现了哈萨克斯坦的产业转型。该项目的投产不仅实现了哈萨克斯坦大口径钢管产业的空白，减少相关产品进口量 60% 的同时，为当地新增就业岗位 300 多个。② 目前，以哈萨克斯坦为代表，中亚与中国依托能源领域的合作，不断深化双方能源合作范畴。油气资源勘探开发是中国与中亚国家最早形成的项目合作，管道建设与运营成为中亚—中国能源管道建设及运行过程中出现的新的合作项目。随着中国与中亚能源合作的不断深入，中国企业已积极介入中亚国家能源加工行业，并积极参与地区国家深加工能源的销售等上游产业。与此同时，中国企业在与中亚国家进行深入合作的同时也为当地创造了就业、缴纳了大额税费，为地区社会经济发展做出了一定贡献，中国企业仅在哈萨克斯坦上缴税费总额已超 410 亿美元，解决当地 3 万多人就业。③ 此外，由中国能源企业赞助的阿斯塔纳国立舞蹈学院和芭蕾舞剧院也成为当地一座新的文化中心和城市重要景观项目④。

中亚—中国能源管道建设不仅推动了中亚国家能源出口的多元化与中国能

---

① 新疆 2020 年首个重点建设项目：中哈跨境 LPG 管道设计项目启动［EB/OL］. 搜狐网，2020-05-12.

② 油气合作架起中哈共赢金桥：中国石油在哈油气合作 20 年纪实［EB/OL］. 中国矿业网，2017-06-05.

③ 中哈油气合作 20 周年庆典在哈召开［EB/OL］. 新浪新闻，2017-09-07.

④ 油气合作架起中哈共赢金桥：中国石油在哈油气合作 20 年纪实［EB/OL］. 中国矿业网，2017-06-05.

源进口的多元化格局，也为进一步推动中国与中亚国家在能源领域的深度融合奠定了坚实的基础。中国与中亚国家的能源合作不仅使中国能源安全困局得到一定程度的缓解，使中国数亿百姓获益的同时，也给中亚国家社会经济发展和民生改善提供了强有力的支持，不仅为相关国家带来可观的税收，也创造了充裕的就业岗位，并培养了大量高素质人才。这一切将成为中国与中亚国家构筑能源利益共同体的坚实基础。

第四章

打造中国与中亚国家互利共赢的利益共同体

中国与中亚国家地缘相近、国际境遇相同、发展目标一致，且都处于历史发展的关键阶段，都面临着相似的机遇和挑战，都制定了符合本国国情的发展目标。从中亚国家独立以来，中亚国家就与中国建立了良好的政治互信，双方高层互访频繁，国家间急难险要的问题都得到了圆满解决，并以此为基础深化了双边、多边的安全合作，这为中国与中亚国家构筑互利共赢的利益共同体提供了先决条件。2013 年 9 月，习近平主席首次提出打造中哈互利共赢的利益共同体之后，又先后提出了打造中土合作共赢的利益共同体，平等互利、安危与共、合作共赢的中乌利益共同体，中塔发展共同体和安全共同体，以及中吉携手共建人类命运共同体。

一、打造互利共赢的中哈利益共同体

2013 年 9 月，习近平主席在哈萨克斯坦纳扎尔巴耶夫大学发表题为"共同建设'丝绸之路经济带'"的主题演讲时指出，"我们要全面加强务实合作，将政治关系优势、地缘毗邻优势、经济互补优势转化为务实合作优势、持续增长优势，打造互利共赢的利益共同体"①。

---

① 习近平. 习近平谈治国理政：第一卷 [M]. 北京：外文出版社，2014：289.

（一）高度互信是构筑中哈利益共同体的基础

互信是任何关系发展的前提和基础。人类社会的形成源于互信、源于各成员间以及成员对社会组织的信任。中国人常讲的一句话：人无信不立，业无信不兴，国无信则衰。中国历史上的诸多王朝更替，究其根源是君主与臣民间失去互信或君主失去了老百姓的信任。西方则以解除契约与重新签订契约关系来说明建立互信与失去信任所发生的契约性质的变化。当前，世界迎来百年未有之大变局，西方社会中逆全球化潮流、保护主义、单边主义盛行，给国际社会刚构建起的微薄信任关系又蒙上了一层阴影。作为任何关系向前发展的基础，对构筑中哈利益共同体而言，也是基础中的基础，唯有不断增进互信，构筑中哈利益共同体之路才能走得实、走得直。

高度互信是中哈两国关系的宝贵财富。中哈建交30年来，以互利互信为基础展开了广泛而深入的合作。首先，中哈历史遗留的边界问题的顺利解决成为双方建立互信的基础。中哈在解决历史遗留的边界问题时，以平等协商、互利互让为基本原则。在此原则基础上，中哈成功实现了边界历史遗留问题的解决，为建立双边互信奠定了扎实的基础。其次，建立边界军事安全互信机制。中哈边界问题的成功解决，推动了中哈边境地区加强军事利益信任协定和边境地区裁减军事力量协定的签署。这两项边境地区军事协定的签署是中哈互信的最直接体现，以这两个军事协定为基础，中哈边境军事人员及军事装备都已达到有历史记载以来的最低值。最后，共同参与组建上海合作组织应对地区非传统安全。21世纪前后，地区非传统安全形势日益严峻。中国和哈萨克斯坦与俄罗斯、吉尔吉斯斯坦、塔吉克斯坦，以边境军事安全互信为基础，共同组建上海合作组织。上海合作组织的成立、运行、成员国数量的不断增加以及合作领域的不断扩大，充分反映了中哈两国的高度互信。

中哈双方高层互访频繁成为增强战略沟通和实现互信共赢的根本保障。十八大以来，习近平主席曾于2013年9月、2015年5月、2017年6月和2022年9

月，先后四次访问哈萨克斯坦。习近平主席上任以来首次访问哈萨克斯坦就提出了共同建设"丝绸之路经济带"的伟大倡议，不仅为中哈关系发展注入新的活力，也为整个中亚地区的发展，乃至亚欧非大陆发展提供了新的动力，现已成为地区最具活力的一项发展倡议。相隔两年后，习近平主席再次访问哈萨克斯坦祝贺纳扎尔巴耶夫总统连选连任，两国元首共同推动了"丝绸之路经济带"与哈萨克斯坦"光明之路"发展战略的对接。2017 年 6 月，习近平主席出访哈萨克斯坦，并出席了上海合作组织元首峰会和哈萨克斯坦能源世博会。两国元首就双边关系的发展、未来合作的重点方向、"一带一路"倡议与"光明之路"战略具体对接等方面进行深入沟通、交流，并在上海合作组织扩员印度、巴基斯坦后，对应对地区"三股势力"、维护地区安全与稳定，抵御非传统安全等方面如何进一步发挥积极作用进行沟通。2022 年 9 月，适逢中哈建交 30 周年之际及新冠疫情之后，习近平主席首次出访就选择访问哈萨克斯坦，这充分反映了中哈之间的高度信任及中哈永久全面战略伙伴关系的高水平发展，双方表示要加强在上海合作组织、亚信、"中国+中亚五国"等多边机制框架内的合作，并宣布为中哈构建世代友好、高度互信、休戚与共的命运共同体的目标和愿景而努力。① 十八大以来，纳扎尔巴耶夫以其总统身份先后三次访问中国。纳扎尔巴耶夫离任后，又曾受邀访问过中国。在"一带一路"倡议与"光明之路"发展战略对接后，哈萨克斯坦实现了多条国际铁路和国际公路的过境运输中转，实现了国际社会多国的互联互通。特别是中哈在连云港建成的物流基地为哈萨克斯坦货物走向东亚、太平洋提供了国际大通道。2019 年 4 月，哈萨克斯坦首任总统纳扎尔巴耶夫受邀出席第二届"一带一路"国际合作高峰论坛期间表示，"事实证明，包括哈萨克斯坦在内的很多'一带一路'沿线国家都是倡议的受益者"②。2019 年 9 月和 2022 年年初，哈萨克斯坦总统托卡耶夫先后两次访华表

---

① 习近平对哈萨克斯坦共和国进行国事访问［EB/OL］. 人民网，2022-09-14.
② 哈萨克斯坦首任总统纳扎尔巴耶夫：哈中通过"一带一路"合作实现互利共赢［EB/OL］. 人民网，2019-04-27.

示，中国是哈萨克斯坦重要的战略伙伴，哈萨克斯坦期待与中国进一步加强战略对接，哈萨克斯坦将继续积极支持、参与"一带一路"建设，并深化各个领域的合作。

（二）互利共赢是构筑中哈利益共同体的保障

全球化深入发展让世界真正成为一体，你中有我，我中有你，不再是停留在口号层面。往昔那种你赢我输、零和观念逐渐已不再适用于当今国际大舞台，零和观念带来的往往是"杀敌一千自损八百"的局面。当前，互利共赢已成为现代广大国家间国际交往普遍遵循的基本原则，即在双边、多边国家关系往来中，以有利于双方、多方利益，以实现双赢、多赢、共赢为基本原则。

国之交往不仅要注重利，也要注重义，如果只是追寻简单的利己主义、自身国家利益，国家间的关系又将进入"丛林法则"时代，这也正是中国主张在国际关系中应秉持正确义利观的核心所在。人类社会不断发展进步，"国家利益至上"观念随着时代的发展也在不断与时俱进，即大家的共同利益至上。目前，互利共赢、合作共赢已经成为时代潮流，零和思维只是西方政治、经济、军事、文化霸权主义国家针对广大发展中国家所采取的思维及行为模式。中国和哈萨克斯坦作为广大发展中国家的一员，都有着强烈的发展意愿，都希望在双边、多边政治、经济、安全、文化等方面的交往中能够实现双赢、多赢、共赢。习近平主席首次出访哈萨克斯坦时表示，"中哈关系给两国人民带来实实在在的利益，成为国际社会睦邻友好、平等相待、互利共赢的典范"①。

中哈建交以来，各领域务实合作水平不断深化，不断推动中哈实现双赢、共赢。中哈作为上海合作组织创始成员国，有着共同的价值理念、有着共同的国际政治诉求，秉持的"上海精神"推动了双边关系的深入发展。在涉及两国核心利益和一些重大国际问题方面，中国与哈萨克斯坦相互理解、相互沟通、

---

① 习近平开始对哈萨克斯坦进行国事访问 [N]. 人民日报，2013-09-07（01）.

相互支持，并在诸多国际组织，如联合国、上海合作组织、亚洲相互协作与信任措施会议等国际组织积极协调与合作。在经济领域，中哈以中哈石油管道为契机，大力拓展在能源勘探、开发、基础设施建设、农业、电力等领域的合作。中国现已成为哈萨克斯坦最重要的经贸伙伴之一，也是哈萨克斯坦最大外来投资国家。

中哈为实现双方更为紧密的互利合作，共同推动"一带一路"倡议与"光明之路"发展战略的对接。目前，中哈双方已在互联互通领域取得了一定成效。一是中哈五大口岸常年开放：霍尔果斯、阿拉山口、巴克图、吉木乃和都拉塔口岸。二是中哈多条跨境铁路、公路实现了正常运行。中哈铁路除阿拉山口铁路枢纽外，中国霍尔果斯已成为集中哈货运、客运、航运、能源管道运输为一体的运输中转中心。2017 年 6 月，从中国新疆乌鲁木齐途经霍尔果斯，发往阿斯塔纳的客运列车正式通行。三是中哈连云港物流合作基地建设成功并投入使用，该基地投入使用不仅使哈萨克斯坦获得了直达太平洋的出海口，而且实现了深水港与远洋干线、中欧班列、物流战场的无缝衔接。四是中哈共建国际边境合作中心，该合作中心成为首个跨境自由贸易区。哈萨克斯坦的"光明之路"发展战略与"一带一路"倡议的深入对接已成为中国与中亚国家合作共赢的典范。

（三）安危与共是构筑中哈利益共同体的责任

安危与共是对中国与哈萨克斯坦两国以及广大国家相互关系最真实的一种反映。随着经济全球化、社会信息化的深入发展，广大国家已经形成深深的互嵌模式，你中有我，我中有你是一种最真实的表现。2019 年年末暴发的新冠疫情以及 2022 年 2 月爆发的俄乌战争，以及所产生的连带效应再次让整个世界进一步认识到世界是一个命运共同体，世界每一个角落所出现的苦难都将由整个世界来买单。中国和哈萨克斯坦同为发展中国家和有影响力的国家，山水相连，政治上高度互信、国际上相互支持、经济上相互依存、安全上共同维护、文化上交流互鉴、生态上共同治理，已全面形成你中有我，我中有你的安危与共的命运共同体。

高度的政治互信是实现国家关系健康发展的基础，是承担安危与共利益共同体主体责任的决定性因素。国际社会虽从形式上摆脱了弱肉强食的丛林法则，但从内容上看依然是由西方发达国家主导的国际政治经济体系，其以一种新的形式、法则来压迫、剥削广大发展中国家。在西方主导的国际体系下，广大发展中国家要维护自身权益，抱团取暖、政治互信是必不可少的，而一些涉及各自重大利益、核心利益的问题，更需要彼此相互支持与互信。在经济领域，双边关系的深入发展得益于高度的政治互信，高度互信推动中哈成为彼此重要的贸易伙伴、能源伙伴、金融伙伴，并已形成一荣俱荣、一损俱损、安危与共的经济合作关系。在安全领域，高度的政治互信推动了中哈边境地区传统安全问题的解决，并形成了非传统安全领域的广泛合作。从打击地区"三股势力"到打击地区毒品犯罪、非法移民、跨国和跨地区的有组织犯罪，再到共同应对地区生态环境安全、公共卫生安全，高度互信无疑是实现中哈非传统安全深度合作的决定性因素。在文化领域，中哈双方都有着悠久的历史文化传统，也有着诸多共同的历史文化记忆。在西方社会倡导、推动文明冲突的大氛围下，中哈双方文化交流深入推进，相互包容、相互借鉴、相得益彰，充分反映出中哈高度互信的决定性因素与对安危与共的清晰认知。在生态环境治理以及公共卫生安全防治等非传统安全领域，中哈在边境蝗虫防治、防控，新冠疫情防控、疫苗研发等方面的合作也取得了诸多成效。

责任共同承担是中哈利益共同体深入发展的必然要求。打造中哈互利共赢的利益共同体不仅需要找到双方的共同利益、双方利益的汇合点，把双方利益汇合点做好、做大、做强，更需要实现公平与正义、责任与担当。新时期，习近平主席在诸多国际场合提出共商共建共享的全球治理理念，即大家的事大家商量，大家的事大家一起来做，大家的利益大家来共同分享。大家商量是一种集思广益、寻求共同利益的过程，大家的事大家一起来做是共同建设、共同维护的过程，实际上也是共同承担责任的过程，无论是多边还是双边我们都要秉持共商共建共享的基本原则。从中哈同属发展中国家的国际地位与面临相似的国际境遇，到上海合作组织的形成、发展，再到中哈能源管道的建设及运行以及当前"一带一路"倡议与"光明之路"发展战略对接，中哈已经形成政治上更加友好、经济合作更加紧密、安全合作更加深入的一种风雨同舟、安危与共的利益共同体。

二、打造合作共赢的中土利益共同体

2014 年 9 月，习近平主席出席上海合作组织成员国元首理事会杜尚别峰会，会见土库曼斯坦总统别尔德穆哈梅多夫时首次指出，中土"两国已成为合作共赢的利益共同体和守望相助的命运共同体"①。2013 年，中土两国战略伙伴关系的建立，成功推动了中土两国元首互访，为中土两国打造合作共赢的利益共同体奠定了政治基础。中土打造合作共赢的利益共同体必须发展和深化战略合作伙伴关系，打造中土互利共赢的能源战略伙伴关系，努力实现"一带一路"倡议与土库曼斯坦提出的"复兴古丝绸之路"发展战略对接，进而实现互联互通。

（一）发展和深化中土战略伙伴关系

中国与土库曼斯坦战略伙伴关系的建立，标志着中土两国发展进入新的阶段。2013 年 9 月，习近平主席访问土库曼斯坦，并在抵达阿什哈巴德国际机场时发表重要讲话指出，"中土是友好邻居和重要能源战略伙伴"②。在与别尔德穆哈梅多夫会谈中，双方高度评价中国与土库曼斯坦双边关系的发展，并决定建立中国与土库曼斯坦的战略伙伴关系，进一步推动中土共同谋划未来合作。中国作为土库曼斯坦第一大贸易伙伴，同时，双方互为最大的天然气合作伙伴，

---

① 习近平分别会见哈萨克斯坦总统、土库曼斯坦总统、吉尔吉斯斯坦总统和巴基斯坦总理国家安全和外事顾问 [N]. 人民日报，2014-09-13（01）.
② 习近平抵达阿什哈巴德 [N]. 人民日报，2013-09-04（01）.

合作前景广阔。

以平等、互信、互惠为基础,深化中国与土库曼斯坦两国战略合作。中土两国元首表示要坚定支持彼此的核心利益和重大关切,加快有关天然气管道建设项目。习近平主席指出,"中土天然气合作具有战略性、长期性、前瞻性,充分体现了两国政治互信的高水平和优势互补、互利共赢的特性。双方要做长期、稳定、牢靠的能源战略伙伴"①。同时,中土两国元首表示要进一步扩大双边贸易规模和质量,加大非资源领域合作,包括基础设施建设、农业、纺织、化工、通信、医疗卫生等领域的合作,以及加强人文交流和打击地区"三股势力"、维护地区安全与稳定等方面的合作。

中国与土库曼斯坦签署的一系列官方文件为中土发展和深化战略伙伴关系奠定了法律基础。2013年9月,习近平主席访问土库曼斯坦,中土双方签订了《中华人民共和国和土库曼斯坦关于建立战略伙伴关系的联合宣言》。2014年5月,土库曼斯坦总统别尔德穆哈梅多夫访问中国时,中土两国元首共同签署了《中华人民共和国和土库曼斯坦友好合作条约》《中华人民共和国和土库曼斯坦关于发展和深化战略伙伴关系的联合宣言》《关于通过〈中华人民共和国和土库曼斯坦战略伙伴关系发展规划(2014年至2018年)〉的声明》,并见证了天然气、农业、交通、金融、文化、地方等领域多项合作文件的签署。② 中土战略伙伴关系的确立为双方的战略合作开辟了新的路径,双方友好合作条约的签署为两国关系的发展提出了基本原则和方向,中土战略伙伴关系发展和深化的宣言以及发展规划则为双方未来5年的合作提供了具体路径。

(二)携手打造中土互利共赢的能源战略伙伴

土库曼斯坦作为地区能源大国,特别是天然气资源禀赋雄厚。近年来,中

---

① 习近平同土库曼斯坦总统别尔德穆哈梅多夫会谈 两国元首宣布建立中土战略伙伴关系 [N]. 人民日报, 2013-09-04 (01).

② 习近平:中土是彼此信赖和相互支持的战略伙伴 [N]. 人民日报, 2014-05-13 (01).

国对清洁能源的需求与日俱增。中土两国，一个是能源消耗大国，一个是能源产出大国。中土双方能源供给需求严重互补。因此，能源合作一直占据着中土合作中较重的份额。习近平主席指出，"中土天然气合作具有战略性、长期性、前瞻性，充分体现了两国政治互信的高水平和优势互补、互利共赢的特性。双方要做长期、稳定、牢靠的能源战略伙伴"①。

能源合作是中土构筑合作共赢利益共同体的核心合作层面。2014年5月，国家主席习近平在会见土库曼斯坦总统别尔德穆哈梅多夫时指出，"中土互为最大的天然气合作伙伴，合作基础扎实、发展前景广阔。双方要……加快实施气田开发项目，扩大油气加工合作，共同维护两国油气管道和设施安全，携手打造互利共赢的能源战略伙伴"②。中土建交30周年之际，习近平主席在与土库曼斯坦总统通话时表示，天然气领域的合作是中土互利共赢的鲜明体现。③ 2022年年初，别尔德穆哈梅多夫来华出席2022年北京冬奥会与习近平主席会晤时表示，"在双方共同努力下，近年来土中合作在互利、平等、互信基础上取得长足发展，特别是油气领域深入合作，为两国人民带来了实实在在的福祉"④。

中土能源合作不仅推动了双方社会经济发展，也进一步增强了双方的战略互信水平。中土双方在发展和深化战略伙伴关系宣言中再次强调"双方愿继续本着平等互利的原则，发展长期稳定的能源合作关系"。同时，土库曼斯坦进一步表示，要确保中亚—中国天然气管道A、B、C线稳定运营以及足额供气，并且尽快启动D线建设及建成通气，共同推动土库曼斯坦阿姆河右岸天然气田二期开发项目的顺利实施。中土双方还就拓展能源领域合作达成意向，把能源安全运营、油气加工、炼化、钾肥生产等作为能源合作的新方向，打造中土全方

---

① 习近平同土库曼斯坦总统别尔德穆哈梅多夫会谈 两国元首宣布建立中土战略伙伴关系 [EB/OL]. 人民日报, 2013-09-04 (01).

② 习近平: 中土是彼此信赖和相互支持的战略伙伴 [N]. 人民日报, 2014-05-13 (01).

③ 习近平同土库曼斯坦总统别尔德穆哈梅多夫通电话 [N]. 人民日报, 2021-05-07 (01).

④ 习近平会见土库曼斯坦总统别尔德穆哈梅多夫 [EB/OL]. 新华社, 2022-02-05.

位能源合作格局。

（三）努力实现"中国梦"与"强盛幸福时代"发展战略对接

中华民族伟大复兴的中国梦是以习近平同志为核心的党中央提出的重大战略思想，是对中国由盛到衰、由强到弱，再由衰到兴的历史发展进程的总结，即中华民族在遭受百年屈辱之后，迎来了从"站起来""富起来"，到当前正在"强起来"历史进程的正确反映。每个人有其梦想，每个国家也有自己的"梦"。中国的"梦"就是实现中华民族伟大复兴，也是十四万万中华儿女共同的梦想。土库曼斯坦的"梦"——强盛幸福时代的"梦"，即依托现有充裕资源让土库曼人民进入美好幸福时代。

打造中土合作共赢的利益共同体就是要把中华民族伟大复兴的中国梦与土库曼斯坦"强盛幸福时代"发展战略进行对接，实现中土共同繁荣。中土同为发展中国家，国际境遇相同、地位相近、拥有共同的梦想，中国梦既是"强盛幸福时代"梦，"强盛幸福时代"梦也是中国梦，即中国梦是一个开放的、包容的、共享的梦，这个梦是中国的，也是全世界的。2014 年，中土签订关于发展和深化战略伙伴关系的联合宣言，指出，为实现中华民族伟大复兴的中国梦同土库曼斯坦建设"强盛幸福时代"发展战略对接，实现共同繁荣。"一带一路"倡议作为实现中国梦的重大举措，得到中亚国家的广泛支持与共鸣。自"丝绸之路经济带"倡议实施以来，中国与中亚国家积极推进相关发展战略对接，中国与土库曼斯坦也在积极寻求双方的利益汇合点。

以"丝绸之路经济带"倡议推动中土基础设施及相关领域的合作。2014年，中土两国元首会晤期间，双方表示将共同推动"丝绸之路经济带"建设，并积极研究开展合作的方式并启动具体合作项目。① 2015 年 11 月，习近平主席

---

① 中华人民共和国和土库曼斯坦关于发展和深化战略伙伴关系的联合宣言［N］. 人民日报，2014-05-13（03）.

在人民大会堂会见别尔德穆哈梅多夫时，土库曼斯坦总统表示，中土"在基础设施互联互通方面合作潜力巨大"①。基础设施的互联互通是"一带一路"倡议的重点领域和优先方向，别尔德穆哈梅多夫对中土基础设施方面的互联互通态度积极，充分反映了改善本国基础设施的强烈意愿，也反映了土库曼斯坦参与"一带一路"倡议的意愿。与此同时，双方表示将为双边贸易创造条件、优化贸易结构、丰富商品种类，加强两国金融机构合作，扩大铁路运输、航空运输以及航天领域的合作。2017年，两国元首阿斯塔纳会晤时，别尔德穆哈梅多夫表示，"土方致力于深化土中两国战略性关系，愿同中方密切高层交往，在'一带一路'框架下拓展天然气、清洁能源、产能、交通运输基础设施等领域合作，加强教育、文化等人文交流"②。此外，土库曼斯坦非常希望加强与中国在农业领域的合作，以提高土库曼斯坦农作物的产量。

实现"一带一路"倡议与"复兴古丝绸之路"发展战略的对接。2018年5月，土库曼斯坦在"伟大的丝绸之路——迈向新发展"国际论坛上提出"复兴古丝绸之路"发展战略。"复兴古丝绸之路"发展战略以平等、互信、相互尊重为基本原则，连接古丝绸之路沿线国家，以形成一个包容、开放的世界为宗旨。土库曼斯坦表示，将与上海合作组织等国际组织展开国际合作，以推动古丝绸之路的复兴。2022年年初，习近平主席在会见来华参加冬奥会的土库曼斯坦总统别尔德穆哈梅多夫时强调，中土"双方要加快推进'一带一路'倡议同土方'复兴丝绸之路'战略对接，加强互联互通合作"③。

三、打造平等互利、安危与共、合作共赢的中乌利益共同体

2015年7月，习近平主席参加上海合作组织成员国元首理事会乌法峰会期

---

① 习近平同土库曼斯坦总统别尔德穆哈梅多夫举行会谈［EB/OL］.中国政府网，2013-09-04.
② 习近平会见土库曼斯坦总统别尔德穆哈梅多夫［N］.人民日报，2017-06-10（02）.
③ 习近平会见土库曼斯坦总统别尔德穆哈梅多夫［EB/OL］.新华社，2022-02-05.

间会见乌兹别克斯坦总统时首次提出，与乌兹别克斯坦一道把中乌"打造成平等互利、安危与共、合作共赢的利益共同体和命运共同体"①。2016 年 6 月，习近平主席在乌兹别克斯坦最高会议立法院发表题为"携手共创丝绸之路新辉煌"的主题演讲时再次表示，"我们以共商、共建、共享为'一带一路'建设的原则，以和平合作、开放包容、互学互鉴、互利共赢的丝绸之路精神为指引，以打造命运共同体和利益共同体为合作目标，得到沿线国家广泛认同"②。2022 年9 月 15 日，习近平主席访问乌兹别克斯坦，在撒马尔罕与乌总统举行会谈时再次指出，"中国同中亚国家是唇齿相依、安危与共的命运共同体"③。

（一）增强政治互信与相互支持

政治互信和相互支持是中国与乌兹别克斯坦双边关系健康发展的基础。2013 年 9 月，习近平主席首次访乌时表示，"高水平互信是中乌关系发展的最大资源。"中乌建交以来，双方在涉及国家主权、安全等重大国家利益方面能够坚定支持彼此，在地区和国际上能够相互信任、相互合作。2012 年 6 月，中国与乌兹别克斯坦建立了战略伙伴关系。2013 年 9 月，习近平主席访问乌兹别克斯坦期间，两国元首共同签署《中乌关于进一步发展和深化战略伙伴关系的联合宣言》和《中乌友好合作条约》。中乌双方表示，在恪守 2012 年签署的战略伙伴关系联合宣言的基础上，将"在国际事务中坚持平等互利和不适用武力原则，反对任何形式的霸权主义和扩张政策"。同时，加强中华人民共和国全国人民代表大会与乌兹别克斯坦议会间的交流与合作，增进双方相互理解、巩固互信，以深化中国和乌兹别克斯坦战略伙伴关系。

中乌高层互动频繁为双方政治互信增添动力。2013 年以来，中乌高层多次

---

① 习近平分别会见乌兹别克斯坦总统、阿富汗总统和巴基斯坦总理 [N]. 人民日报，2015-07-11（01）.

② 习近平. 携手共创丝绸之路新辉煌——在乌兹别克斯坦最高会议立法院的演讲 [N]. 人民日报，2016-06-23（02）.

③ 习近平同乌兹别克斯坦总统米尔济约耶夫会谈 [EB/OL]. 中国西藏网，2022-09-15.

会晤。习近平主席曾三次（2013年9月、2016年6月、2022年9月）访问乌兹别克斯坦，乌兹别克斯坦前总统卡里莫夫三次（2014年5月、2014年8月、2015年9月）访问中国，现任总统米尔济约耶夫四次（2017年5月、2018年6月、2019年4月、2022年2月）访问中国。与此同时，中乌两国元首多次在上海合作组织成员国元首理事会、亚信会议等不同国际场合进行专门会晤。2016年6月，习近平主席访问期间，中乌两国元首共同推动中乌全面伙伴关系的建立，乌兹别克斯坦外交部网站发表题为《乌兹别克斯坦—中国：合作新阶段——全面战略伙伴》的文章，将习近平主席的此次访问看作乌兹别克斯坦和中国加强双边合作的里程碑。① 中乌两国元首在多次互访与会晤中达成一系列重要协议，成为推动中乌双边关系发展的重要推动力。此外，习近平主席同乌兹别克斯坦前总统卡里莫夫，现任总统米尔济约耶夫以电话、视频、互致信函等多种方式保持密切沟通与交流，建立起良好的关系和深厚的友谊。

中乌签署的法律性文件进一步增强了双方的政治互信。中乌两国元首频繁互动过程中，签署了一系列法律性文件：《中华人民共和国和乌兹别克斯坦共和国关于建立战略伙伴关系的联合宣言》（2012）和《中华人民共和国和乌兹别克斯坦2014年至2018年战略伙伴关系发展规划》（2013）、《中华人民共和国和乌兹别克斯坦共和国友好合作条约》（2014）、《中华人民共和国和乌兹别克斯坦共和国关于进一步深化全面战略伙伴关系的联合声明》（2017）等重要文件。这些文件的签署不仅为中乌双边关系的发展奠定了政治互信基础，也为双边关系奠定了更加牢固的法律基础。

（二）共建"一带一路"，开拓合作共赢空间

实现"一带一路"与乌兹别克斯坦国家发展战略的对接，是打造平等互利、

---

① 全面深化中乌战略合作——乌兹别克斯坦各界积极评价习近平主席访问［EB/OL］. 新华网，2016-06-25.

安危与共、合作共赢的中乌利益共同体的主要内容。"丝绸之路经济带"倡议提出之后，得到了乌兹别克斯坦的积极响应，双方就共同开展"丝绸之路经济带"合作达成了广泛共识。2014 年 5 月，习近平主席在上海会见乌兹别克斯坦前总统卡里莫夫时，卡里莫夫表示，乌兹别克斯坦愿积极参与丝绸之路经济带建设，促进乌兹别克斯坦与中国的经贸往来和互联互通，把乌兹别克斯坦的发展同中国的繁荣更紧密地联系在一起。①

2017 年 2 月，乌兹别克斯坦总统出台了"五大优先发展战略"。"五大优先发展战略"把国家优先发展方向做了调整与设计：首先是提升国家管理与服务水平；其次是以司法独立为核心，推动司法改革、完善法律制度；再次是推动经济发展与经济自由化发展；从次是改进社会服务体制机制建设；最后是确保族裔和谐和宗教宽容等涉及国家安全的问题。2019 年 4 月，习近平主席在会见乌兹别克斯坦总统米尔济约耶夫时表示，中乌双方应加强"一带一路"倡议与"新乌兹别克斯坦"发展战略的五大优先方向进行对接，实现贸易、投资、交通等领域的便利化。2020 年，新冠疫情全球肆虐，中乌在疫情防控期间相互帮助，共克难关。在中乌两国元首通话中，米尔济约耶夫总统表达了疫情之后对推进"一带一路"建设、推动乌中各领域合作的强烈意愿。同时，愿与中国共同努力构建人类命运共同体。

加强"一带一路"倡议和"新乌兹别克斯坦"规划对接。2021 年，中乌迎来建交 30 周年，为提升中乌战略合作水平，双方共同努力推动"一带一路"和"新乌兹别克斯坦"规划进行战略对接。第一，继续加强中乌基础设施建设，以中吉乌公路为基础，推动中吉乌铁路项目建设；第二，深化中乌经贸合作，实现增量与提质升级；第三，加强中乌在疫情防控、疫苗生产与研发等公共卫生与医疗领域的合作，为中乌两国人民生命健康保驾护航；第四，加强人文领域

---

① 习近平会见乌兹别克斯坦总统卡里莫夫 ［EB/OL］. 人民网，2015-09-03.

合作，自 2020 年 1 月 1 日起，乌兹别克斯坦成为对中国游客免签的第一个中亚国家；① 第五，加强在地区安全以及国际事务的协调与合作。

（三）以道路联通实现民心相通

道路联通是设施联通的重要内容，也是"一带一路"倡议的重要支撑之一。中国和乌兹别克斯坦一直努力推进基础设施的联通，卡姆奇克隧道已成为中乌共同推进"一带一路"倡议设施联通的重大成果。卡姆奇克隧道，又称"中亚第一长隧道"，也是中国企业在中亚地区修建的最长隧道，该隧道全长 19.2 公里，在全世界隧道长度中也能位居第 13 位。卡姆奇克隧道隶属于安格连—帕普铁路的一部分，而且是该铁路的咽喉要道，起着贯通塔什干与费尔干纳的重要作用。安格连—帕普铁路是乌兹别克斯坦的国家重大工程项目，全长 169 公里。卡姆奇克隧道无论对于安格连—帕普铁路，还是对于乌兹别克斯坦国家安全都起着战略贯通的作用，对"一带一路"倡议的设施联通也具有非常重要的意义。此外，中吉乌铁路也于 2018 年 2 月再次启动。2022 年 9 月，中吉乌铁路修复协议签署。道路联通作为"一带一路"建设的优先方面，中乌已实现航空、公路、铁路、陆路能源管道交通建设等基础设施领域的合作，为中乌不断提高地区基础设施互联互通水平奠定了基础，为推动两国乃至地区贸易畅通发展创造了更好的条件，为两国民心相通打下了良好基础。

道路联通是民心相通的重要基础。中国人常说，要想富，先修路。中国改革开放 40 年，是内外开放的 40 年，也是基础设施建设的 40 年，更是道路联通的 40 年。道路联通不仅方便民众的出行，也让乡村经济成为国民经济的重要组成部分。同时，也缩短了全国不同区域民众心与心交流的距离。

"一带一路"倡议道路交通先行的目的正是基于缩短不同国家民众的心灵交

---

① 主宾国乌兹别克斯坦驻沪总领事谈乌中合作，高度互信是特点［EB/OL］. 国际金融报，2019-11-06.

流的距离。卡姆奇克隧道开通运行后，乌兹别克斯坦部分民众去本国首都无须再绕道他国，结束了 25 年尴尬的交通状况。道路交通的完善不仅有助于国内不同区域民众间的交流交往，更有利于实现地区乃至整个国际交通网络的便利化，实现跨区域民众间的交流交融。卡姆奇克隧道建设进程中，乌兹别克当地民众加亨作为项目司机参与其中，不仅开车还学会了中文。该隧道虽已完工两年，但加亨依然怀念那些与中国好朋友在一起的日子。与此同时，卡姆奇克隧道的维修工、安防军警都能够用简单的中文打招呼。① 由此可见，以道路联通推动民心相通的作用已渐凸显。

四、打造中塔发展共同体和安全共同体

2019 年 6 月，应塔吉克斯坦总统拉赫蒙的邀请，习近平主席访问塔吉克斯坦，并与拉赫蒙总统共同签署了《中华人民共和国和塔吉克斯坦共和国关于进一步深化全面战略伙伴关系的联合声明》。该声明指出，双方将推动"一带一路"倡议同塔吉克斯坦"2030 年前国家发展战略"深入对接，致力于逐步构建中塔发展共同体。双方愿在现有基础上，提升两国合作水平，致力于逐步构建中塔安全共同体。②

（一）共建"一带一路"和"2030 年前国家发展战略"对接

"一带一路"倡议已经成为中国与中亚国家共同发展的重要合作平台。塔吉克斯坦作为中国的周边近邻，独立以来一直与中国保持着密切友好的合作关系。近些年来，两国关系取得跨越式发展，塔吉克斯坦也成为最早签署共建"一带一路"合作倡议的国家。中塔共建"一带一路"成果丰硕。"一带一路"倡议

---

① 乌兹别克斯坦卡姆奇克隧道：群山变通途 ［EB/OL］. 央视网（cctv.com），2018-06-09.
② 中华人民共和国和塔吉克斯坦共和国关于进一步深化全面战略伙伴关系的联合声明 ［N］. 人民日报，2019-06-17（02）.

提出以来，中塔共建"一带一路"项目成果颇丰。其中，杜尚别2号电厂项目和中国—中亚天然气管道D线塔吉克斯坦境内段项目、瓦赫达特—亚湾铁路项目等是其代表性项目。

杜尚别2号电厂项目是塔吉克斯坦的一项民生项目，也是塔吉克斯坦提高能源自给自足的重点项目。电力紧缺是塔吉克斯坦独立以来一直面临的一个现实问题，为了改变塔吉克斯坦民众的用电需求，中塔共同建设了杜尚别2号电厂。杜尚别2号热电厂分两期建设，一期工程已建成2×50兆瓦燃煤电厂，已于2014年9月完成竣工验收；二期为扩建2×150兆瓦热电联产工程，已于2016年11月完成投产运营。杜尚别2号电厂项目的完成不仅改善了当地民众的用电条件，而且一定程度上缓解了电力紧缺这一制约塔吉克斯坦经济社会发展的主要问题。杜尚别2号热电厂已成为中塔共建"一带一路"倡议中务实合作的标志性项目。

中国—中亚天然气管道D线是中亚—中国天然气管道体系中的第4条支线。中国—中亚天然气管道D线起始于土库曼斯坦，途经乌兹别克斯坦、塔吉克斯坦和吉尔吉斯斯坦，最终抵达中国境内。中国—中亚天然气管道D线塔吉克斯坦境内段总长约410公里，为D线管道最长的一个区段。根据相关专业机构的初步估算，中国—中亚天然气管道D线在塔吉克斯坦境内区段"修建天然气管道的总投资将为32亿美元"[1]。塔吉克斯坦总统拉赫蒙曾表示，"中国—中亚天然气管道D线是互利共赢合作项目，将为塔方创造3000多个就业岗位"[2]。

加强"一带一路"和2030年前国家发展战略。2030年前国家发展战略是塔吉克斯坦制定的一项国家中短期的发展战略。首先，2030年前国家发展战略把确保国家能源安全放在未来国家安全的首要安全地位；其次，要改变当前塔吉

---

① 中国三年内将向塔吉克斯坦投资60亿美元［EB/OL］．中华人民共和国商务部网，2014-09-16.

② 习近平和拉赫蒙总统共同出席中塔电力和中国—中亚天然气管道合作项目开工仪式［N］．人民日报，2014-09-14（01）．

克斯坦的交通地位，使其成为重要的交通枢纽国家；再次，要确保国家的粮食安全以及为民众提供高品质的食品；最后，促进百姓的再就业，特别是扩大生产性就业。近年来，中塔双方大力推进"一带一路"倡议和塔吉克斯坦 2030 年前国家发展战略的战略对接。在能源安全方面，中塔双方不仅建立了杜尚别 2号电厂项目，而且完成了塔吉克斯坦直辖区 500 千伏输变电项目。该项目由中国特变电工承建，于 2018 年 11 月竣工投运。在交通运输方面，瓦赫达特—亚湾铁路项目的建成，使"一带一路"倡议互联互通和塔吉克斯坦 2030 年前国家发展战略之交通枢纽国家完成无线对接。在促进百姓就业和扩大生产性再就业方面，由华新水泥投资建设的索格特水泥公司、中泰塔吉克斯坦农业纺织产业园、中塔工业园、塔吉克斯坦炼油厂等厂矿企业，实现了塔吉克斯坦 2030 年前国家发展战略的目标。

（二）打造中塔安全共同体

安全与稳定是国家安全的首要问题。新世纪以来，为应对各类安全威胁与挑战，习近平主席在 2014 年亚信上海峰会上提出了共同、综合、合作、可持续的新安全观，得到了与会各方的积极响应。2018 年 6 月，上海合作组织成员国元首理事会青岛峰会各方一致同意将"平等、共同、综合、合作、可持续安全"写入《上海合作组织成员国元首理事会青岛宣言》。

2020 年 10 月，习近平主席在致电祝贺拉赫蒙当选塔吉克斯坦总统时表示，"近年来，中塔关系实现跨越式发展，双方率先宣布构建中塔发展共同体和安全共同体，在推动构建人类命运共同体方面走在前列，为国际社会树立了典范"[①]。一直以来，维护两国安全与稳定及地区安全与稳定都是中塔安全合作的重要内容，中塔安全合作主要基于中塔双边合作和上海合作组织展开。中塔两国作为上海合作组织创始成员国，打造中塔安全共同体必须遵循共同、综合、

---

① 习近平致电祝贺拉赫蒙当选塔吉克斯坦总统［EB/OL］. 新华社，2010-10-12.

合作、可持续的新安全观，以新安全观为指引，加强执法安全领域合作、提升执法能力水平、司法执法合作以及"一带一路"建设重大项目的安全保障。

执法安全合作是中塔两国安全合作的重要内容。加强中塔两国执法安全合作，维护两国共同安全利益。一直以来，中塔双方都把打击"三股势力"、毒品犯罪和跨国有组织犯罪作为维护两国和地区安全的首要任务。新时期，随着中塔发展共同体的深入推进，中塔共同的发展成果需要双方共同维护，深化执法安全领域的合作，开展执法部门间的业务交流、情报交流就显得格外重要。此外，扩大双方在双边和多边框架下的防务合作、人员团组培训、联合反恐、追赃、司法执法等领域的合作。

2019 年年末至 2020 年年初，中国境内新冠疫情暴发，在中国抗击疫情的艰难时刻，塔吉克斯坦政府及社会各界以各种形式给予中国抗击疫情大力支持。新冠疫情全球大暴发后，塔吉克斯坦也遭受到新冠疫情的攻击。中国抗击疫情的同时，给予塔吉克斯坦抗击新冠疫情以经验分享、抗疫物资支持、医疗技术支持、专家团队指导以及抗疫疫苗的共享等。新冠疫情大暴发期间，中国与塔吉克斯坦在抗击疫情方面的相互帮扶充分反映了中塔发展共同体与安全共同体的价值。

五、中吉携手共建人类命运共同体

2018 年 4 月，习近平主席在海南博鳌宾馆会见来参加博鳌亚洲论坛的吉尔吉斯斯坦前总统阿坦巴耶夫时指出，"发展中吉战略友好关系，是中国建设周边命运共同体的重要组成部分"①。

（一）中吉战略伙伴关系是中国周边命运共同体的重要组成部分

山水相连、唇齿相依、命运与共是中国和吉尔吉斯斯坦关系的最好写照。

---

① 习近平会见吉尔吉斯斯坦前总统阿坦巴耶夫［N］. 人民日报，2018-04-12（02）.

2013 年 9 月，习近平主席访问吉尔吉斯斯坦时，两国元首达成重要共识，宣布将中吉关系提升为战略伙伴关系。习近平主席指出，双方要在政治上相互支持，安全上密切配合，经济上互利合作，将中吉关系建设成平等、信任、合作、共赢的邻国关系典范。①

打造充满生机活力的中吉战略伙伴关系。中吉战略伙伴关系不仅符合两国的共同利益，也是促进两国共同发展和繁荣的保证。2014 年 9 月，习近平主席在会见吉尔吉斯斯坦前总统阿坦巴耶夫时指出，中吉是真诚互信的好邻居、好朋友、好伙伴。我们要发扬传统友谊，扩大互利合作，共同打造充满生机的中吉战略伙伴关系。② 在安全领域，双方不仅要加强在边境管控、反恐等领域的合作，而且要形成专门会晤机制和快速反应机制。在经济领域，共同推进丝绸之路经济带倡议，加强产能、农业等领域的合作，共促经济发展，实现互利共赢。在基础设施建设方面，加快推进中吉乌铁路、比什凯克热电厂改造、比什凯克市政路网改造等民生工程的建设。

打造中吉全面战略伙伴关系。2018 年 6 月，吉尔吉斯斯坦前总统热恩别科夫出席青岛峰会期间，中吉两国元首同意将充满生机的中吉战略伙伴关系提质升级为全面战略伙伴关系。为了推动中吉全面战略伙伴关系提质升级，必须推动双方合作领域拓展，加强"一带一路"和吉尔吉斯斯坦"2040 年发展战略"的对接和协调，寻求更多的利益交汇点。以两国发展战略对接协调为突破口，推进产能合作，共同规划两国合作的重点项目，推动大项目合作，以期带动当地经济发展和民生建设，进而推进人文交流。与此同时，进一步提升两国安全合作水平，共同维护地区和平与稳定。

---

① 习近平同吉尔吉斯斯坦总统阿坦巴耶夫举行会谈宣布中吉关系提升为战略伙伴关系 [EB/OL]. 人民网，2013-09-11.

② 国家主席习近平在杜尚别会见吉尔吉斯斯坦总统阿坦巴耶夫 [N]. 人民日报，2014-09-13（01）.

（二）共同打造惠及各方的命运共同体

2019 年 9 月，习近平主席出席上海合作组织比什凯克峰会期间与时任总统热恩别科夫进行会谈时指出，"愿以比什凯克峰会为契机，推动各方凝聚更多共识，充分释放合作潜力，共同打造惠及各方的命运共同体"①。2022 年 1 月，习近平主席在中国与中亚国家建交 30 周年视频峰会上发表题为"携手共命运 一起向未来"的演讲，再次表示，"中方愿同中亚国家携手构建更加紧密的中国—中亚命运共同体"②。

以上海合作组织、亚信会议、中国+中亚五国等多边机制为载体，凝聚更多的国际共识。国际共识是各国对国际事务及其相互关系总的看法与判断，它是该组织得以存在、发展的基础。上海合作组织形成发展进程中所形成的"互信、互利、平等、协商、尊重多样文明、谋求共同发展"的"上海精神"，就是该组织所达成的国际共识。新时期，中国提出的新发展观、新安全观、新合作观、新文明观等得到了中亚国家的认可与共鸣，树立"相互尊重、公平正义、合作共赢的新型国际关系"原则，遵循"平等、共同、综合、合作、可持续"新安全观以及构建利益共同体、命运共同体等理念都被写入宣言、声明等法律性文件之中。

构建开放融合的发展格局，充分释放合作潜力。中国与中亚国家双边、多边合作机制是增进双方政治更加友好、经济更加紧密和谋求共同发展的重要平台。构建开放融合的发展格局，首先要在政治上发力，加强双边、多边定期高层交往，为双边、多边关系发展进行顶层设计和统筹谋划。其次要深化安全合作，为中国与中亚国家开放融合的发展格局保驾护航，把维护国家安全和宪法制度安全作为维护地区和平、安全与稳定的重要内容。再次是推动"一带一路"

---

① 习近平同吉尔吉斯斯坦总统热恩别科夫会谈［EB/OL］. 人民网，2019-06-14.

② 习近平主持中国同中亚五国建交 30 周年视频峰会 强调携手构建更加紧密的中国—中亚命运共同体［EB/OL］. 中国网，2022-01-25.

倡议与中亚国家发展战略对接，深化开放融合的发展格局，统筹经济、贸易、金融、能源、化工等方面的资源，利用好各自的比较优势，找准双方互利合作的战略契合点，充分释放双方务实合作潜力。把"五通"建设特别是基础设施互联互通建设作为各项工作的优先领域，为双方加快实施自由贸易区、扩大贸易、投资合作空间铺路搭桥。深化开放融合的发展格局是中国与中亚国家共同迎接开放、博采众长，以海纳百川的精神吸收、借鉴人类文明发展成果，实现共同发展、共同繁荣。

第五章

中国与中亚国家构建利益共同体面临的问题

中国与中亚国家虽然在诸多领域形成利益汇合，并具有良好的现实合作基础，但在打造互利共赢的利益共同体方面依然面临着一些问题。如地区"三股势力"的威胁、中亚国家参与的地区经济合作组织与机制的影响以及培养共同的身份认同及责任意识等问题。

一、地区"三股势力"的威胁

中亚地区"三股势力"不仅威胁中国与中亚国家构筑利益共同体的民众基础，还将进一步威胁中国与中亚国家构筑利益共同体的社会基础、组织保障和建设基础，甚至成为外部势力介入中亚地区事务的一枚棋子，对中国与中亚国家构筑利益共同体将会形成严重的威胁。

（一）威胁中国与中亚国家构筑利益共同体的民众基础

中亚地区"三股势力"威胁中国与中亚地区民众的人身及财产安全。人身及财产安全是一国民众最基本的诉求，是民众一切活动的基本前提，也是整个社会有序发展的先决条件，更是建构中国与中亚利益共同体的重要基础。然而，地区"三股势力"的存在就是对中国与中亚国家民众的人身及财产安全的最大威胁。一方面，"三股势力"为实现自身目的，视民众生命为草芥，采取暴力恐怖或损毁性方式威胁民众的生命安全。中亚地区"三股势力"为实现自己的不合理诉求，多次在中亚的吉尔吉斯斯坦、乌兹别克斯坦、哈萨克斯坦、中国新疆及内地制造暴力恐怖袭击，中亚国家的检察机关、外交场所及商业中心等敏感地区也多次遭受恐怖袭击，造成多人伤亡。另一方面，地区"三股势力"的暴力恐怖活动使民众的财产安全难以得到有效保护，一定程度上影响了中亚地区社会经济的有序发展，也对外来合作与投资形成一定制约。

"三股势力"威胁地区的宗教文化生态。一系列事实表明，"三股势力"的存在与发展深刻地冲击着地区内部的宗教社会秩序，扰乱了地区正常的宗教社会活动。苏联解体前后，伴随着伊斯兰教的全面复兴中亚各国宗教社会秩序出现了一定程度的混乱，民众内心迷茫，社会整体进入了一种意识形态真空的状态，这为"三股势力"的入侵带来机会。在宗教复兴浪潮的影响下，"三股势力"打着宗教旗号到处招摇撞骗，把一些扭曲的宗教思想带入民众之中。第一，"三股势力"大力拉拢传统教派穆斯林，对传统宗教群体进行洗脑接纳。第二，针对大批宗教新人宗教知识匮乏、政治敏感度低的特点，恶意解读宣传极端宗教思想。第三，随着信息全球化的深入发展，以互联网为平台大力传播极端宗教思想，在互联网上发布各类"极端"视频和教义解读文章，实现极端宗教思想的大范围宣扬。地区"三股势力"极端宗教思想的宣传很大程度上模糊了正确的宗教发展方向，致使当地宗教文化生态破坏，民众信仰摇摆，破坏了中国与中亚地区利益共同体持续稳定构筑的环境。

（二）威胁中国与中亚国家构筑利益共同体的社会基础

中亚地区"三股势力"暴力恐怖活动一定程度上会降低地区间的社会信任。地区民众及政府之间的信任是中国与中亚国家构筑利益共同体的重要基础，能够有效促进中国与中亚各国之间的政治安全合作、经济贸易往来及社会文化交流。然而，地区"三股势力"的存在旨在打破地区政府及社会民众间的社会信任。一方面，降低了地区民众对社会安全的信任。"三股势力"的暴力恐怖活动肆意破坏地区社会秩序，地区民众及货物流通难以保证足够的安全，民众对整个社会运行体系信任感不足。2003 年，喀什至比什凯克国际长途客运遭到恐怖袭击，21 名乘客均不幸遇难。一时间，地区民众对这种跨境人员流通形式的信任度大幅下降，导致该线路一度停运四个多月。另一方面，地区"三股势力"的暴力恐怖活动频繁发生，将会使投资者对投资地区安全有效性产生怀疑。近年来，中亚地区"三股势力"不断变换形式侵扰中亚各国，使中亚地区部分国家内部斗争频发，严重破坏当地的营商环境，降低了投资者的投资热情。根据吉尔吉斯斯坦宗教学家伊克巴尔詹所言，自新冠疫情暴发后，由于世界各地所实施的旅游限制，宗教极端分子以社交平台为媒介开始大量发布招募信息，以及发布宗教极端主义的价值观，反对当前政府、神职人员的信息。① 与此同时，中亚周边地区也成为国际恐怖主义势力的"集结地"，并不断通过脆弱的阿塔边界渗入中亚地区国家，从而成为新的地区国家社会的安全威胁。

"三股势力"影响中亚地区及整个周边地区的社会稳定与经济发展。20 世纪末 21 世纪初，中亚地区"三股势力"经过近 30 年的发展已呈现一定规模，组织架构日渐完善，各大势力几经分化组合，行动越来越隐秘、组织纪律性越来越强，打击难度加大。但正如前文所言，新时期中亚"三股势力"经过改头换面，部分组织成员已深入社会各个层面，甚至国家政府部门、安全部门都被大量渗入，其中一些"三股势力"成员已混迹安全部门中高层。与此同时，随着中东最大"三股势力"的覆灭，由中亚出境参与恐怖活动的成员以及对叙利亚政府军作战的成员要么蛰伏在阿富汗与巴基斯坦边境、要么潜藏在阿富汗与塔吉克斯坦边境，更有部分成员以合法身份回归中亚国家。来自中东地区的国际恐怖势力因其语言、宗教信仰以及生活习惯与中亚地区民众具有很大的相似性，因此这将为这些势力成员渗透中亚提供巨大的可能性。这些外来组织、势

---

① 奥斯莫纳利耶夫 . 疫情限制迫使恐怖分子招募者瞄准"当地恐怖组织"［EB/OL］. 丝路新观察，2021-04-23.

力的渗透以及与当地"三股势力"的不断合流势必会对中亚地区的社会政治经济生活产生严重影响。无论是外来"三股势力"，还是本土"三股势力"，其最终目的都在寻求建立一个政教合一的伊斯兰哈里发国家，"三股势力"的活动势必影响中亚国家正常的社会秩序、稳定的社会政局、地区的经济复兴与发展，从而影响各国政府原有的社会政治经济发展计划，也势必会影响到中国与中亚国家构筑利益共同体的发展进程。

（三）威胁中国与中亚国家构筑利益共同体的组织保障与建设基础

"三股势力"威胁地区公共基础设施安全及公共服务部门安全。中亚地区公共基础设施建设、完善以及安全保护是中国与中亚国家构筑利益共同体重要的一环。公共基础设施联通不仅能够增进中国与中亚国家民众便利、增进各国民众福祉，也为中国与中亚国家构筑利益共同体搭建了新的合作平台与路径。公共基础设施建设及安全有效运行能够为地区国家民众提供基本的生活保障服务，也能够保证地区社会经济秩序的正常运行，加速整个区域内部的经济不断发展。然而，"三股势力"的暴力恐怖活动已对地区公共基础设施安全形成一定的威胁。一方面，"三股势力"对地区一些工程设施进行冲击。这些工程设施着重于社会根本，影响大且广泛，主要包含各类发电站、水库大坝、公路铁路等，"三股势力"对其进行破坏能够引起极大的社会反应。哈萨克斯坦阿克莫林斯克州电站被炸、科克切诺夫州电站遭火箭筒袭击等①，对当地社会民众的生产生活造成了极大的阻碍。另一方面，地区社会公共服务部门也是"三股势力"袭击的对象，如社会服务系统多为行政部门、公检法部门、医院和商场等，极端势力政治目的清晰明确，主要是破坏当前政府的社会公信力，动摇当前政权的统治地位。然而，"三股势力"暴恐袭击在很大程度上对这种服务性基础设施造成中

---

① 古丽阿扎提·吐尔逊. 中亚跨国犯罪问题研究［M］. 北京：中央民族大学出版社，2013：24.

断性破坏，阻碍了正常的社会秩序开展和社会要素流动。"安集延事件"中暴恐分子袭击警察岗哨、监狱等地点，夺取枪支弹药，释放大量在押罪犯，对整个安集延地区的社会秩序安全造成严重威胁，严重影响了该地区商业活动、政治活动和文化活动的正常开展。2021年，随着美国撤军阿富汗后，塔利班迅速夺取政权，但塔利班政权并不稳固。一方面，塔利班执政以来，阿富汗社会生活并没有发生特别大的变化，经济发展举步维艰，要得到大多数民众的全力支持难上加难。另一方面，阿富汗境内依然存在诸多不稳定因素。由于受长期的战争影响，阿富汗境内并非只有塔利班，互不隶属的组织和派别林立，"20年来，在阿富汗的恐怖组织从个位数增长到了20多个"①。甚至已经成为周边恐怖主义势力的一个重要栖息地。

"三股势力"威胁中国与中亚国家"丝绸之路经济带"倡议的深入合作。"丝绸之路经济带"倡议的深入推进是中国与中亚国家构筑利益共同体的必然要求和最优选择。"丝绸之路经济带"倡议首先在中亚地区哈萨克斯坦提出，并得到中亚国家的积极响应。从"丝绸之路经济带"倡议发展来看，中亚是通向西亚、地中海和欧洲，并走向世界的第一站，在"丝绸之路经济带"倡议深入推进中起着至关重要的作用。一方面，周边外交一直以来都是中国外交的重点。中亚地区国家是中国周边紧邻，自古以来双方就有着密切友好的政治经济往来。与此同时，中亚诸国作为新生国家且远离海洋国家，社会经济发展较为滞后。"丝绸之路经济带"倡议既是地区性的公共产品，也是全球性的公共产品，能为中亚地区国家社会发展提供必需的资金与技术支持。另一方面，中亚地区拥有着丰富的矿产资源，借助"一带一路"倡议可实现中国与中亚在经济发展方面的优势互补。在此背景下，中国与中亚地区有着共同的政治目标，能够在共同打击三股势力、维护地区安稳方面实现更好的合作。然而，"三股势力"的存在

---

① 美军入侵阿富汗20年 恐怖组织数量从个位数倍增超20个 [EB/OL]. 凤凰网，2021-08-17.

某种程度上影响了中国与中亚国家全方位的合作。"三股势力"为了实现自身非法目的，在地区内不断制造暴力恐怖活动，其暴恐行为不仅扰乱地区社会安全环境，还会为地区合作带来一定障碍。

（四）"三股势力"是外部势力介入地区事务的一枚棋子

就"三股势力"而言，国际社会虽未完全达成一致共识，但对宗教极端势力，特别是暴力恐怖主义势力的社会危害性基本达成一致共识，只是在认定标准方面存在一定差异。然而，近些年来美国对国际恐怖主义的认定标准越来越为国际社会所难以接受。美国为实现自身的战略目的，在国际反恐领域不断实施双重标准，不惜把国际恐怖分子也纳入其战略布局之下，或明或暗支持国际恐怖势力，常常以"人权"为借口悍然干涉他国内政。近两年，美国更是变本加厉。2020 年 11 月 6 日，美国公然撤销对"东突厥斯坦伊斯兰运动"的恐怖组织定性①，其目的昭然若揭。中亚地区是"东伊运""伊斯兰解放党""乌伊运"活动的重要区域，以"人权"为借口干涉地区反恐事务，将是美国未来在该地区常用的一种手段。对此，美国并非没有先例，美国曾指责中亚国家的"人权"问题，并把"伊斯兰解放党"与中亚的"人权"问题挂钩。

此外，以"三股势力"为抓手挑起地区民族主义情绪也是美国惯用的伎俩。毫无疑问，自有国家以来民族主义就是统治阶级维护国家政权最重要的手段之一，特别是现代民族国家诞生以来，民族主义成为推动国际政治发展的重要动力。20 世纪大半时期，民族主义推动了民族解放与平等，对于推翻帝国主义和殖民主义发挥了不可替代的作用。随着经济全球化的深入发展，民族主义成为全球化浪潮中的一股逆流。当然，并非所有的民族主义都属于一股"逆流"，那些被美国排斥、制裁的国家需要民族主义支撑，以巩固国内的政治统治。近些

---

①　环球网评：美国公然为"东伊运"张目是在开历史倒车［EB/OL］. 人民网，2020-12-03.

年来，随着新兴国家的崛起，以美国为首的西方国家在某些领域优势渐失，不断采取贸易保护主义政策保护本国经济发展与就业，而曾经用于批评发展中国家民族主义的工具又成为新时期保护本国国家利益的工具。"美国优先"已成为西方贸易保护主义的代表，从而引发新一轮民族主义的抬头。由此，美国不断在国际社会中打出新殖民主义、新经济殖民主义等旗号，以期阻碍新兴国家强劲的经济发展与国际合作。然而，就中亚地区而言，美国在此地区劣势明显，因而利用"三股势力"引爆地区民族主义将是一张王牌，以此割裂地区整体性和完整性，充分利用民族利己主义、自我中心主义，激起非主体民族的不满情绪，激化各国内部的民族矛盾，破坏地区经济发展与社会稳定，加剧地区内部分裂是其必将采用的手段。

总之，随着中国与中亚国家构筑利益共同体的不断深入，以及中美之间结构性矛盾的不断加深，美国势必会将西方社会常用的"自由""民主""人权"大旗再次打出，不断向中亚国家施压，影响中国与中亚国家构筑利益共同体的进程。因此，在美国的不断干预影响下，中亚地区"三股势力"必将成为外部势力影响中国与中亚国家构筑利益共同体的危险性因素。

二、中亚国家参与的地区经济合作组织与机制的影响

中亚国家作为主权国家在国际社会中具有多重身份。中亚国家与中国构筑互利共赢的利益共同体身份只是这种多重身份中的一重身份。除此之外，中亚国家还是欧亚经济联盟、中西亚经济合作组织、"新丝绸之路"计划等组织与机制的成员或参与者。毫无疑问，这种经济上的多重选择势必会弱化对互利共赢利益共同体身份的认同。

（一）欧亚经济联盟影响中国与中亚国家利益共同体的身份认同

欧亚经济联盟，又称欧亚经济委员会，是由俄罗斯、白俄罗斯、哈萨克斯坦、吉尔吉斯斯坦和亚美尼亚五国共同组建的一个区域性国际经济组织。欧亚经济联盟源于俄罗斯、白俄罗斯和哈萨克斯坦三国成立的"俄白哈关税同盟"。从"俄白哈关税同盟"到"欧亚经济共同体",再到当前的欧亚经济联盟,其成员国也由俄罗斯、白俄罗斯、哈萨克斯坦三国逐渐包括独联体地区多国,如乌克兰、塔吉克斯坦、摩尔多瓦等国,在经历了 20 年风风雨雨之后,形成当前较为稳固的五国区域国际经济组织。

苏联解体后,整个苏联地区原加盟共和国都面临着经济发展及转型的困境。为了实现国家经济复苏、共克经济危机,俄罗斯、白俄罗斯和哈萨克斯坦成立了"关税同盟",通过取消关税、贸易量的限制,实施对第三国统一的关税政策和非关税政策,以加强共同应对危机的能力。随后,吉尔吉斯斯坦和塔吉克斯坦也先后加入"关税同盟"。"关税同盟"随之升级为"欧亚经济共同体"。"欧亚经济共同体"不仅继承了"关税同盟"时期的共同关税政策,而且以建立共同的经济空间为目的,以实现"欧亚经济共同体"国家的经济一体化目标。为了实现共同经济空间,欧亚经济共同体不仅设立政府间委员会、欧亚经济共同体一体化委员会等组织机构,以协商和共同议定涉及共同体各成员国的共同利益问题、未来一体化发展战略,以及制定统一关税税率表、对发展中国家和最不发达国家的经济政策,如统一的关税、统一实施优惠关税商品目录、统一商品标识①等等。

为了进一步推进欧亚经济共同体的一体化发展,俄罗斯和哈萨克斯坦发起成立欧亚发展银行,以解决成员国的基础设施建设、能源和农业发展等项目的融资等问题,随后塔吉克斯坦、白俄罗斯、亚美尼亚、吉尔吉斯斯坦先后加入该地区的金融机构。2010 年 1 月,欧亚经济共同体俄罗斯、白俄罗斯和哈萨克斯坦三国实施了共同的关税政策,次年俄罗斯、白俄罗斯和哈萨克斯坦取消了

---

① 张宁. 欧亚经济共同体在海关、能源和交通领域的合作现状 [J]. 俄罗斯中亚东欧市场, 2007 (1): 21-27.

三国之间的海关。随后，欧亚经济共同体成员国俄罗斯、白俄罗斯和哈萨克斯坦正式启动实现商品、服务、资本、劳动力自由流动的"俄白哈统一经济空间"。2014年5月，俄罗斯、白俄罗斯和哈萨克斯坦三国签署《欧亚经济联盟条约》，次年1月1日正式生效。随后，亚美尼亚和吉尔吉斯斯坦先后加入欧亚经济联盟。

从欧亚经济联盟的发展目标和远景规划来看，主要体现在三个方面，即扩员、建立自贸区、与地区机制实现对接。扩员是任何国际组织发展壮大，显示其活力与影响力的重要方面。对欧亚经济联盟未来发展目标而言，普京曾有过宏大的构想，即成员国构成面积将要"实现西起里斯本，东至符拉迪沃斯托克"的广大空间①。自贸区的建立是实现成员国间商品、资本、人员及服务自由流通的基础，以及最终实现欧亚经济联盟国家经济一体化发展。这也是世界各国及经济组织进行深入合作通常所采用的方式。目前，欧亚经济联盟在关税、交通、公民自由流动、学历共同认可等方面达成相关协议，未来则主要是细化成员国间统一的标准。欧亚经济联盟对外关系主要体现为与相关国家及区域机制合作。2020年5月，在《欧亚经济联盟条约》签署六周年之际，欧亚经济联盟已与中国、越南、伊朗、新加坡、塞尔维亚等国签署贸易协议，与8个区域一体化组织、14个国家的政府、11个部委、39个国际组织及其分支机构签署了备忘录。②

苏联解体后，中亚地区地缘政治真空及丰富的油气资源为世界各国和相关国际组织进入中亚提供了历史契机。中亚各国除了与世界各大国建立联系，还参与了诸多区域性合作组织与机制。中亚地区机制重叠现象普遍，但该区域未来经济发展核心依然以欧亚经济联盟为中心开展对外合作。欧亚经济联盟未来

---

① В. В. ПУТИН, Новый интеграционный проект для Евразии-будущее, которое рождается сегодня [EB/OL]. 2011-10-04.
② 中国驻俄罗斯联邦大使馆经济商务处. 欧亚经济委员会执委会主席就《欧亚经济联盟条约》签署六周年发表宣言 [EB/OL]. 中华人民共和国商务部网, 2020-06-20.

发展方向就是拓展与其他区域组织及机制的对接，但外来区域经济组织和机制很难撼动欧亚经济联盟未来在该区域所扮演的角色。从文化方面来看，尽管成员国隶属不同文化圈，但苏联70年社会主义教育，成员国间有着共同的文化心理（尽管这种文化心理认同日渐趋弱）；从语言方面来看，俄语依然是欧亚经济联盟成员国间的主要官方语言，无论是官方还是民间，本民族语言虽有加强，但俄语的主体地位依然；从地缘上看，欧亚经济联盟成员国地缘关系紧密，在能源、对外经贸联系方面彼此有着共同的地缘需求，很难轻易分割；从所属的国际环境来看，成员国在国际上的境遇差异不大，彼此需要相互扶持；从成员国安全层面来看，由于各成员国的地缘关系，同样面临着共同的国际安全威胁。因此，欧亚经济联盟成员国这种"天然"的文化心理、语言、地缘以及国际环境和安全环境关系，要求各成员国要以共同经济利益为纽带，以努力实现欧亚经济联盟最终目标——经济一体化。

实际上，自欧亚经济联盟运行以来，欧亚经济联盟对中国与中亚国家的经贸影响已经显现，从中国与中亚国家相关进出口贸易额就能看出一二。1992年，中亚国家独立之初，中国与中亚国家的贸易额仅有4.65亿美元，2014年中国与中亚国家贸易额已达450.1亿美元，年均增长达23.1%。① 2015年，欧亚经济联盟正式运行后，中亚与中国进出口贸易额呈现断崖式下跌：2015年，中国与中亚双方贸易总额为326.18亿美元，进出口贸易总额比前一年下降了27.5%；2016年，中国与中亚双方贸易总额再次下降，为300.31亿美元，进出口贸易总额比2014年下降了33.3%；2017年，中国与中亚双方贸易总额为359.87亿美元，进出口贸易总额虽有回升，但相比2014年依然下降了20.1%；2018年，中国与中亚双方贸易总额为416.63亿美元，进出口贸易总额相比前一年有所增长，但依然没有达到欧亚经济联盟成立前中国与中亚国家的贸易水平，与2014

---

① 马骥，李四聪．中国与中亚五国贸易互补性与竞争性分析——以"丝绸之路经济带"为背景［J］．新疆财经大学学报，2016（1）：5-13.

年中国与中亚的贸易总额相比依然下降了 7%。①

按照历史唯物主义的观点来看，中国与中亚国家构筑利益共同体的决定因素在于双方经济领域合作的深度，在于彼此间能实现多少共同经济利益。中国与中亚国家双方在经济领域共同利益的多少，直接决定着中国与中亚国家经济利益共同体的身份认同及责任意识的形成。很显然，通过目前相关数据来看，欧亚经济联盟的运行已经对中国与中亚国家的经贸产生一定程度的影响。

（二）中西亚经济合作组织影响中国与中亚国家身份建构进程

中西亚经济合作组织是中亚五国与伊朗、土耳其、巴基斯坦、阿富汗和阿塞拜疆共同组建的涵盖中亚、南亚和西亚区域部分国家的国际经济合作组织。中西亚经济合作组织源于 20 世纪 70 年代土耳其、伊朗和巴基斯坦三国组建的区域合作促进发展组织，到 20 世纪 80 年代中期土耳其、伊朗和巴基斯坦对该组织进一步重组，更名为经济合作组织（Economic Cooperation Organization，ECO），其基本宗旨为进一步促进三国区域间的经济合作，然而其基本章程依然沿用 RCD 的章程——《伊兹密尔条约》。

苏联解体后，经济合作组织成员进一步扩大，不仅囊括了原来的苏联加盟共和国阿塞拜疆，还包括中亚五国和阿富汗。目前，中西亚经济合作组织成员国达到 10 个，成员国面积达到 800 万平方千米，人口达到 4 亿多。中西亚经济合作组织的主要目标在于：推动成员国经济的可持续发展；逐步消除成员国间贸易壁垒以促进区域内经贸发展；通过发展交通基础设施建设，推动成员国间的道路通畅并实现与外部的联系；推动成员国间文化历史联系及加强与区域间

---

① 相关数据根据国际贸易中心数据库及相关网站资料整理所得。自欧亚经济联盟成立以来，中国与中亚国家贸易额呈现明显下降趋势，贸易额的下降是否与欧亚关税联盟有着直接的关系，尚无直接证据，只能通过相关贸易数据做一推断。

国际组织的互利合作等。①

从上述中西亚经济合作组织的发展目标来看，该组织主要是一个区域经济组织，政治色彩相对较淡，经济一体化是其最主要的目标。从该组织的组织架构来看，主要包括中西亚经济合作组织成员国元首会议、外长委员会、常设代表委员会和秘书处。成员国元首会议通常两年举行一次，已举行 14 次。2021 年3 月 4 日，中西亚经济合作组织元首峰会以线上方式进行，其主要合作依然聚焦在过境运输、能源合作、工业及信息化技术合作等内容。中西亚经济合作组织外长委员会会议每年举行一次，截止到 2017 年，已举办了 22 届。在第 22 届中西亚经济合作组织委员会会议上，伊朗外长穆罕默德·贾瓦德·扎里夫指出，中西亚经济合作组织是强化地区合作的最好选项之一。②

总体来看，中西亚经济合作组织自成立以来，虽然有着良好的组织架构、定期的会晤机制，但由于成员国自身条件、内外部环境等因素影响，经济合作更多体现在议事层面，各项经济合作总体进展较为缓慢。尽管如此，中西亚经济合作组织依然是不可忽视的存在，中西亚经济合作组织各成员国之间相近的历史、文化和宗教关系是凝聚各方合力的重要基础。在中西亚经济合作组织与"一带一路"对接进程中，狭隘的民族主义将会成为中国与中亚国家构建经济利益共同体的最大障碍。

（三）"新丝绸之路"计划是中国与中亚国家构建利益共同体的搅局者

"新丝绸之路"计划是美国政府提出一项跨区域的经济发展计划。"新丝绸之路"计划旨在推动中亚与南亚地区的经济贸易联通，特别是把战后的阿富汗融入中亚的发展布局之中，推动中亚的能源南下，实现商品北上，从而实现美

---

① ECONOMIC COOPERATION ORGANIZATION（ECO）[EB/OL]. https：//www. imf. org/ external/np/sec/decdo/eco. htm.

② 中西亚经济合作组织是强化地区合作的最好选项之一 [EB/OL]. Pars Today, 2017-02-28.

国的中亚战略布局。

"新丝绸之路"计划最早源于美国学者费雷德里克·斯塔，后来被希拉里·克林顿所沿用。费雷德里克认为，随着美国阿富汗战争的结束以及美军陆续撤出阿富汗，阿富汗重建工作将是该区域乃至国际社会需要关注的一项重大任务。为此，需要建立一个囊括中亚、南亚，甚至是西亚的交通与经济发展网络，实现中亚、西亚能源南下，最终形成与东南亚、东亚的一个能源与商品互为补充的大市场。该计划不仅能满足阿富汗、巴基斯坦、印度的能源需求，还能给阿富汗带来丰厚的过境收入。从"新丝绸之路"计划规划及目标来看，基础设施建设是其重要的内容。其中，以跨境公路、铁路、输电和能源管网为主要内容。目前，"新丝绸之路"计划基础设施项目建设已部分取得进展：乌兹别克斯坦—阿富汗的铁路项目已完成并投入运营、塔吉克斯坦桑土达水电站已实现向阿富汗供电项目。此外，由土库曼斯坦穿越阿巴过境，最终抵达印度（TAPI）的天然气管道也正在建设之中。

新时期美国必将重装"新丝绸之路"计划堵中国。特朗普上台后，"新丝绸之路"计划逐渐从美国的对外政策之中消失。由此，很多学者认为"新丝绸之路"计划已胎死腹中、曲终人散①。"新丝绸之路"计划尽管在特朗普时期不受待见，但随着拜登连任或他人上任，美国必然会继续重拾中亚，接续民主党多年经营中亚的战略任务。在对华问题方面，拜登与特朗普或下任美国总统对中国的认知并无实质性差异，即中国是威胁美国地缘政治的对手之一。因此，未来美国必将会对中国进行全方位的战略"围堵"，"围堵"中国依然将是美国下任总统对华战略的主基调，主要区别或许就在于打压中国的具体操作手段上的差异。与此同时，在一些美国单独无法解决相关问题的领域，美国将会与中国采取有限合作。2021年2月7日，美国总统拜登在接受美国哥伦比亚广播公司（CBS）专访时就中美关系再次表示，中美间预计将会有非常激烈的竞争，但拜

---

① 叶海林. 美国"新丝绸之路计划"失败的启示 [EB/OL]. 参考消息，2017-05-08.

登政府将更多专注于国际规则下的竞争。① 2022 年 G20 巴厘岛峰会中美两国元首会晤也进一步表明了这一点。很显然，新时期美国政府的外交策略将会发生不小的转变。如对当前中国的"一带一路"倡议，美国不少政客、学者希望推出美国版"一带一路"以进行应对。在中亚地区，尽管拜登新政府因国内疫情防控尚未制定明确的战略，但不难想象拜登政府与"新丝绸之路"计划的推行者有着共同的民主党基因。"新丝绸之路"计划就是曾经民主党领导人提出的美国中亚大战略，该计划虽然在特朗普政府时期偃旗息鼓，但并未完全停止。"新丝绸之路"计划部分项目已完成，还有部分项目由相关国家在自行行动。2021 年 2 月 3 日，乌兹别克斯坦、阿富汗、巴基斯坦就三国铁路线联通进行磋商，并达成一致签署了相关实施协议。

在"一带一路"倡议大力推进之时，原有"新丝绸之路"计划项目国家不断寻求实现与"一带一路"倡议的对接。毫无疑问，无论是"一带一路"倡议，还是美国推出的"新丝绸之路"计划，都是通过区域合作实现区域间国际经济互补，推动地区国家的社会经济发展，并最终带动整个地区的社会稳定。但与"一带一路"倡议有所不同的是："新丝绸之路"计划从设计之初就是美国挤压俄罗斯战略生存空间的一项举措。然而，随着中国国际地位的急剧攀升，美国势必会全力以赴开启全方位围堵中国的模式。其中，"新丝绸之路"计划将是美国搅局中亚，遏制中国的一项重要战略举措。美国运作"新丝绸之路"计划既有现成架构，也有前期运作的基础，还有美国自身强大的综合国力及国际影响力做后盾。

总之，从"新丝绸之路"计划的总体规划及远景目标来看，其最重要的目的在于将中亚纳入其全球战略布局之中，形成对俄罗斯全方位的战略挤压。新时期，随着美国政府对中美"激烈竞争"关系的新定位，"新丝绸之路"计划必将再次重启，不仅形成对俄罗斯生存空间的挤压，也将形成对中国的战略围

---

① 栾若曦. 关于中美关系，拜登作出最新表态 [EB/OL]. 新京报，2021-02-08.

堵，尽管这种围堵成效不一定显著，但只要能起到分化中国与中亚的全方位合作和搅局的作用就已达到美国"新丝绸之路"计划的部分战略目标。

三、中国与中亚国家构建利益共同体需要培养共同身份认同与责任意识

身份是一个人在社会关系中的基本属性。一个人有多重身份，如家庭身份：子女、父母、爷爷奶奶、丈夫或妻子，同时又具有公民身份、职业身份等。国家作为个人的集合体，同样也具有多重身份，如主权国家的身份、联合国会员国身份、其他国际组织成员身份，每一种身份都有自我身份认同要求，这种要求一般体现为义务的履行、责任的承担。中国与中亚国家构筑利益共同体首先面对的问题就是，如何构建起中国与中亚国家互利共赢的利益共同体身份。另外，作为互利共赢利益共同体成员，如何使各方把自觉维护互利共赢利益共同体的利益当成各方的责任与义务。

（一）中国与中亚国家构建利益共同体需要培养共同的身份认同

认同，其基本含义为承认、认可，从心理学角度理解就是"认为跟自己有共同之处而感到亲切"①。一般而言，认同主要是由血缘的、职业的、文化的、体制的、地域的、教育的、党派的、意识形态的认同等组成，由此对一些不具备这些要素或部分要素的群体与个人形成一定的亲近或疏远。身份认同是认为自己处于某个与自己具有共同属性的群体——氏族、宗族、教师、警察、医生等而产生的亲近态度，并将自己有意识或无意识地归入这个特定群体。

共同的身份认同通常是同一地域具有共同身份、血缘、语言、宗教等属性的民族、种族等群体，为维护自身生存与发展的核心利益而产生的一种广泛的联合自保的社会现象。中国与中亚国家构建利益共同体与其所处的时代背景完

---

① 中国社会科学院语言研究所词典编辑室. 现代汉语词典［Z］. 北京：商务印书馆，1997：1067.

全不同，这是一个和平与发展为主题的时代，和平与发展是时代潮流。如何在和平与发展的时代背景下，构建中国与中亚国家利益共同体的身份认同将是双方面临的最大困境。正如欧盟的产生一般，但当一些公共突发性事件发生或导致民族、种族可能面临危险境地的事件发生时，这一"利益汇合点"的共同体身份认同将会面临巨大挑战。

（二）中国与中亚国家构建利益共同体需要培养共同的责任意识

责任是指分内应做的事或没有做好分内应做的事，因而应当承担的过失。① 意识是人头脑对于客观物质世界的反映，是感觉、思维等各种心理过程的总和，其中的思维是人类特有的反映现实的高级形式。② 那么，责任意识就是对分内应做的事或没有做好分内应做的事，因而应当承担的过失所产生的反映、感觉、思维等各种心理过程的总和。

中国与中亚国家构建利益共同体首要的就是培养形成共同的责任意识，培养双方有意识地做好分内应做的事——自觉维护双方已有的政治、经济、安全等共同利益，并承担相应责任。责任意识的形成与利益共同体紧密相关。中国与中亚国家构筑利益共同体必须形成共同责任意识，形成共同的责任担当，使中国与中亚国家不仅能够在国际社会中形成共同利益而获利，更要在面临困难、威胁时能够有做好分内事的感觉、思维、意识与担当，敢于并勇于共同承担责任。

中国与中亚国家在政治、经济、安全、文化等领域已形成诸多利益汇合点，已形成诸多双边、多边及不同层次的利益合作机制，这些合作机制是培养双方责任意识的基础。中国与中亚国家依托已有的合作机制不断构建不同领域、不

---

① 中国社会科学院语言研究所词典编辑室．现代汉语词典［Z］．北京：商务印书馆，1997：1574.
② 中国社会科学院语言研究所词典编辑室．现代汉语词典［Z］．北京：商务印书馆，1997：1495.

同层次和不同程度的责任意识，其最终目标则是形成具有高度政治共识、休戚与共的责任意识与共命运意识。在全球化时代，国家间、区域间不仅存在共同利益，在实现共同利益的同时也会面临诸多挑战。天下熙熙皆为利来，天下攘攘皆为利往。古往今来，人性自利，天性使然，未曾有太大变化。马克思和恩格斯则指出，人们奋斗所争取的一切，都同他们的利益有关。① 然而，正是这种对利的需求，要求获利者必须分担责任，责任意识的形成是获取更大利益的前提。

人类社会的形成与发展始终伴随着利益与责任的分分合合，利益与责任的关系变化必将引起人际关系、社会关系、国家关系的变化。当利益与责任能够实现平衡、和谐有序发展之时，人际关系、社会关系、国家关系就会呈现平稳有序的发展态势。反之，当利益与责任关系出现失衡，甚至被打破时，人际关系、社会关系、国家关系将陷入不稳定、动荡，甚至是混乱之中。这既是自然发展规律，也是人类社会能够有条不紊延续千年的基本规律。中国与中亚国家在实现共同利益的同时能否确立彼此间的责任意识，即利益共享，责任共担的自觉。只强调共同利益，而忽略共同责任，其共同利益最终会内化为单方面的国家利益，最终演化为狭隘的国家利益。正如马克思所言："思想一旦离开利益就会出丑"②，同样，利益一旦离开责任也会出丑。共同责任理念在强调国家共同利益的客观性的同时，同样关注国家共同利益的主观性，即主观国家共同利益。主观国家共同利益实则也源于认同，但这种认同仅停留在"文化"层面，并未上升至"信仰"层面。责任意识的提出，旨在通过对利益共享、责任共担内化为利益各方共同的"信仰"或曰身份认同。

（三）中国与中亚国家构筑利益共同体面临的民间认同问题

中国作为世界第二大经济体对整个世界的影响力、吸引力是毫无疑问的，

---

① 马克思恩格斯全集（第1卷）[M]. 北京：人民出版社，1995：82.
② 马克思恩格斯文集（第2卷）[M]. 北京：人民出版社，2009：286.

但具有影响力与吸引力的同时，引起一些世界大国以及周边小国的担忧也是在所难免的。中国不仅经济实力庞大，也有着庞大的人口和充裕的劳动力基数。中国与中亚国家总体实力的巨大偏差在构筑利益共同体进程中势必会引起部分国家民众，甚至是部分政治精英的担忧。这种担忧在大国博弈、机制层层叠加的中亚地区，通常就会演变为国家高层、部分政治精英对与中国开展合作极具热情，部分民众和一些失势的精英热情不高，甚至持反对意见。特别是在具有西方背景的非政府组织煽动、西方政客的不断挑唆下，中国是中亚国家利益共同体的建设者还是威胁者的疑问在中亚国家就具有一定的市场。

西方国家直接煽动、背后支持挑动中亚地区民众的反华情绪。近些年，美中结构性矛盾越发突出，美国对中国打压、渗透可谓无所不用其极。一直以来，中亚地区都是美国重点照顾的对象，既能打压俄罗斯又能遏制中国，可谓一举两得。为了实现在中亚地区的反华目的，实施媒体战、扶持反华势力、制造反华民意已经是美国惯用的手段，直接利用西方帝国主义时期对广大发展中国家所采用的殖民主义政策、债务陷阱等词汇来攻击中国与中亚国家的合作是"新经济殖民主义""债务陷阱"等，以此来制造"中国威胁论"。2018年，美国政府拨款1500万美元拥有了发展中亚地区的"独立"媒体。美国非政府组织"国际新闻"向吉尔吉斯斯坦提供500万美元用于建立"Kloope""仙人掌"等"独立"媒体建设。① 2019年年初的两个月，"仙人掌"关于中国的报道成倍增长，但负面新闻占据大半，有一半新闻是报道吉尔吉斯斯坦的反华言论。Kloope网报道中国的新闻几乎一半都是负面内容。

中国与中亚国家综合国力、人口、贸易等方面存在巨大差距。中亚国家处于相对弱势的一方，对于双方深入合作有所顾虑，很多的政治经济合作不经意间就会被打上出卖民族利益的符号，成为反对人士煽动民意的基础。塔吉克斯坦曾经就发生过类似的事件，塔吉克斯坦国内部分反对党利用中塔边界划界问

---

① 杨进：警惕美西方在中亚扶植 NGO 反华 ［EB/OL］. 环球网，2020-02-25.

题，以中塔划界对中国过于有利来挑拨塔吉克斯坦民众反对当权者，进而也对中国形成某种敌意。① 2022 年中塔建交 30 周年之际，中塔合作全方位开展，却有塔吉克斯坦政客以"中国威胁""债务陷阱"，应尽快归还对华贷款，趁早"远离中国"来挑动中塔合作的民意基础。②

以边界问题挑起民众对中国的不满不仅发生在塔吉克斯坦，实际在吉尔吉斯斯坦也出现过类似情况。中吉边界勘定后，吉尔吉斯斯坦国内因 9 万公顷争议领土的最终归属，先后发生多次聚集与示威，在一次示威冲突中有 6 名民众死亡。③ 中吉乌铁路的缓慢进程很难说没有吉尔吉斯斯坦民间的阻力因素。该项目备忘录签署于 1997 年，中吉双方磋商始于 2000 年左右，项目签订则到了2006 年。然而，由于吉国内政局不稳，总统、政府先后倒台，相关协议很难有新的进展，新任总统也迫于反对派以此问题做文章，更不敢轻易点头。

由于中国与中亚国家综合国力等方面的巨大差距，中国与中亚国家的深度合作在美国的挑唆、煽动下，很多民众受此蛊惑对中国与中亚国家的合作有不满情绪。无论是与中国合作较为紧密的哈萨克斯坦，还是往来较多的吉尔吉斯斯坦，都发生过一定规模的反华活动。哈萨克斯坦首任总统纳扎尔巴耶夫曾在出席"阿斯塔纳俱乐部"活动时公开驳斥"中国威胁论"。中国与中亚国家利益共同体构建的民间身份认同问题与利益共同体、命运共同体的构建相同，需要一定的时间来弥合，而弥合的根本也在于百年变局中的中国未来处于何种地位。

---

① Tajikistan ratifies demarcation agreement with China in settlement of long‐running dispute [EB/OL]. Boundary news，2011‐03‐19.

② 要尽快归还中国贷款？塔政客叫嚣"远离中国"，中国表示很不理解 [EB/OL]. 网易订阅，2022‐01‐10.

③ 中吉乌铁路好事多磨 [EB/OL]. 大公网，2014‐09‐27.

第六章

中国与中亚国家构筑利益共同体的策略与建议

独立30年来，中国与中亚国家已构建起良好的双边关系和多边合作架构，为进一步打造政治关系更加友好、经济关系更加巩固、人文关系更加紧密的利益共同体，中国将打造中国与中亚国家利益共同体，中国与俄罗斯构建利益共同体同时纳入中亚利益共同体范畴之内。很显然，中亚区域属俄罗斯国家安全和经济核心安全利益范畴，中国在中亚区域的安全利益和经济利益与俄罗斯在中亚的安全和经济利益不但没有冲突，而且有着高度的契合性。实现经济融合发展，完成地区安全相互补充与协调是中俄以及中亚国家的共同需求。中亚地区是国际社会中机制重叠最复杂的地区之一，这既有地缘政治经济上的吸引，也有地区国家的主客观诉求，与地区其他国际和地区组织沟通、协调，就显得十分必要。此外，作为发展中国家的中亚地区国家不仅需要更丰富的地区公共产品，也需要进一步加强相关国家科教文化部门的合作。

一、通过"丝绸之路经济带"倡议培养共同的责任意识及身份认同

"丝绸之路经济带"倡议提出以来得到中亚国家的积极响应和参与。当前，"丝绸之路经济带"倡议已与中亚各国发展战略进行战略对接，成为中亚各国国家发展战略的组成部分。由"丝绸之路经济带"倡议提出的共商共建共享原则以及"五通"原则已开始深入中亚各国，并落地生根。

（一）共商、共建、共享"丝绸之路经济带"倡议红利

共商、共建、共享是以习近平同志为核心的党中央顺应时代发展提出的全新全球治理理念，是中国积极推动全球治理机制向更加公正、公平、合理方向发展，是中国参与全球治理机制变革和发展的基本主张。共商的基本内涵就是国际社会的事大家相互尊重、一起商量、发挥民主，充分兼顾大家的利益关切。共建，即国际社会的事，国际社会成员共同协商好了一起来做，各施所长、各尽所能、各负其责，共同应对、共同推进。共享，即大家的事，大家商量好了一起来做，所获得的收益大家一起分享。

"丝绸之路经济带"倡议是以习近平同志为核心的党中央顺应世界发展潮流、秉持开放合作态度、维护全球自由贸易体系和开放型经济而积极探索的一种崭新的国际合作和全球治理的新模式。"丝绸之路经济带"倡议诞生于中亚，不仅仅是因为中亚曾是古丝绸之路的必经之地、东西方贸易的交汇地，还因为建交以来中国与中亚国家经贸关系的飞速发展、政治互信的不断加强、安全合作的深入，更因为中国与中亚国家有着共商、共建、共享的历史经验。中国与中亚国家和俄罗斯边界问题的解决得益于双方的事双方商量着来，经过多方商量，双方共同划定边界，共享划定边界后给双方带来的边界安宁。中国与中亚国家边界问题解决后，地区非传统安全问题日益突出，对双方国家安全都造成了威胁，在维护地区安全与问题的共同诉求下以共商——"上海五国"为基础，又共建了上海合作组织。因此，"丝绸之路经济带"倡议提出后，就得到了中亚国家的积极响应与支持，共商、共建、共享也就成了"丝绸之路经济带"倡议必须坚持的基本原则。

共商共建共享的"丝绸之路经济带"倡议红利已经显现。2013年9月，习近平主席在纳扎尔巴耶夫大学发表主旨演讲提出"丝绸之路经济带"倡议后，得到中亚国家的积极响应和共鸣。塔吉克斯坦是中亚乃至全球第一个与中国签

署"丝绸之路经济带"合作备忘录的国家①。自两国签署合作备忘录以来，据不完全统计两国元首已先后会晤 13 次，电视电话会晤达 8 次之多。在两国元首的共同推动下，中塔已形成交通基础设施（铁路、能源管道 D 线）、电力（杜尚别 2 号火电项目）、矿产（中塔工业园）、金融（亚投行）等方面的合作。2017 年 8 月，两国元首推动"丝绸之路经济带"与塔吉克斯坦"2030 年前国家发展战略"的对接。

"丝绸之路经济带"倡议提出后就得到了首任总统纳扎尔巴耶夫的热烈欢迎和支持，并成为新时期哈萨克斯坦社会经济发展的新动力。2014 年 11 月，哈萨克斯坦提出"光明之路"发展战略，旨在将哈萨克斯坦与"丝绸之路经济带"倡议进行对接，打造哈萨克斯坦连接亚欧大陆市场交通、物流枢纽的地位。2016 年 9 月，中哈两国签署"丝绸之路经济带"倡议和"光明之路"发展战略的对接文件。目前，哈萨克斯坦交通枢纽和物流枢纽的地位已经凸显，中哈多个口岸常年对开（2020 年和 2021 年因疫情原因曾短暂关闭），多条石油管线和天然气管线过境哈萨克斯坦，四条跨境铁路通过哈萨克斯坦，中哈连云港物流基地已经建成并投入运营。2018 年，哈萨克斯坦首任总统纳扎尔巴耶夫在国情咨文及阿斯塔纳俱乐部研讨会上表示，"'一带一路'倡议不仅为哈中合作带来了新动力，而且改变了中亚地缘经济态势"②。

"丝绸之路经济带"倡议红利惠及乌兹别克斯坦、土库曼斯坦和吉尔吉斯斯坦。2015 年 6 月，中国与乌兹别克斯坦签订《关于在落实建设"丝绸之路经济带"倡议框架下扩大互利经贸合作的议定书》。米尔济约耶夫总统指出，乌兹别克斯坦正以"一带一路"为契机，在经贸、投资、产能、基础设施等领域深化对华合作，努力实现两国发展战略对接。③ 目前，中国与乌兹别克斯坦落实丝绸之路经济带倡议已经取得一些标志性成果。中亚第一长隧道——甘姆奇克隧道

---

① 张维维. 中国与塔吉克斯坦共建丝绸之路经济带研究 [J]. 开发研究，2018（1）.
② 张霄. 大使随笔：中哈脚踏实地共建一带一路 [N]. 人民日报，2018-11-21（21）.
③ 习近平同乌兹别克斯坦总统米尔济约耶夫会谈 [EB/OL]. 人民网，2017-05-13.

全线贯通、乌兹别克斯坦安格连轮胎厂建设与投产填补了中亚地区轮胎生产的空白、鹏盛工业园成为中乌产能合作的重要平台。此外，中国已经成为乌兹别克斯坦最大投资国、最大棉花购买国、最大电信设备供应国以及最大土壤改良设备的供应国。2014年5月，中土两国元首会晤期间，土库曼斯坦总统表示支持丝绸之路经济带建设，并以此推动两国交通基础设施领域合作以及共同推动国际能源安全合作。能源合作一直是中土合作的主要方面，中亚—中国天然气A、B、C管线都以土库曼斯坦为源头，正在建设过程中的D线也源于土库曼斯坦。中土两国元首的会晤正积极推进基础设施的互联互通以及为双边贸易创造条件、优化贸易结构、丰富商品种类，加强两国金融机构合作，扩大铁路运输、航空运输以及航天领域的合作。2018年6月，参加上合组织青岛峰会的吉尔吉斯斯坦前总统热恩别科夫表示，吉尔吉斯斯坦将一如既往地支持"一带一路"倡议，发展一系列经济和基础设施项目。①

当"丝绸之路经济带"倡议秉持共商、共建、共享的原则获得相关国家政界和经济界精英的认同，对此形成共识，并抱有积极的热情与态度，让相关国家社会大众普遍参与到"丝绸之路经济带"倡议建设中来，并获得收益，共同的观念自然成为相关国家自觉行动的准则，从而形成利益共同体、责任共同体与命运共同体的关系，进而改变整个"丝绸之路经济带"沿线国家，乃至整个世界体系的文化与价值。

复兴古丝绸之路，共享"丝绸之路经济带"的辉煌，与中亚国家共同搭建利益共同体的落地平台。古丝绸之路繁荣时期曾经惠及整个欧亚大陆、北非和东非部分地区。新时期，"丝绸之路经济带"倡议作为古丝绸之路的延续，是中国扩大全方位对外开放战略的重要举措。这项重要举措将以共商、共建、共享为基本原则，与"丝绸之路经济带"沿线国家开展经贸及相关领域的合作。以

---

① 吉尔吉斯斯坦总统称：加快实施中吉乌铁路对吉十分重要［EB/OL］. 驻吉尔吉斯经商参处，2018-06-12.

政策沟通、设施联通、贸易畅通、资金融通、民心相通为主要内容，拓展双方的合作渠道。以互利共赢、包容发展、共享机遇、共同繁荣为目的，实现区域国家共同发展，共享"丝绸之路经济带"倡议所带来的经济、政治、文化红利。

（二）以"五通"推动中国与中亚国家实现利益共融

2013 年 9 月，习近平主席访问中亚指出，构建"丝绸之路经济带"要创新合作模式，加强"五通"，即政策沟通、设施联通、贸易畅通、资金融通和民心相通，以点带面，从线到片，逐步形成区域大合作格局。①"五通"是"丝绸之路经济带"倡议落地生根的根本保障。

政策沟通是中国与中亚国家间展开合作的基础和重要保障，是形成互利共赢局面的重要先导。政策沟通是中国与中亚国家就双方共同的社会、经济、政治、安全等领域重大发展问题进行沟通与交流，以求同存异、互利共赢、共同发展为基本原则，协商制定相关领域政策以及措施等。只有政策上形成有效沟通，形成政治上的互信，其他相关领域的合作才有可能。与中亚国家建交以来，政策沟通是中国与中亚地区国家保持双边、多边关系健康发展的基础与重要保障。对于中国与中亚国家构建利益共同体的政策沟通，主要体现在两个方面：一方面，是继续加强中国与中亚各国双边政策的沟通，积极协调双方各个领域的发展。例如，可以全力协调与哈萨克斯坦的"光明之路"计划、哈萨克斯坦"2050 战略"进行政策方面的对接；积极协调与乌兹别克斯坦的"创新发展战略"的政策对接；努力实现与吉尔吉斯斯坦"2040 年发展战略"的政策对接；积极推动与塔吉克斯坦"2030 年前国家发展战略""复兴古丝绸之路"进行政策对接，并制定具体政策对接规划及对接政策落实措施等，为推进"丝绸之路经济带"建设提供政策保障。另一方面，则是持续实现中国与中亚地区国家在多边领域的政策沟通。中国可以积极协调与欧亚经济联盟的政策对接，实现与

---

① 习近平．习近平谈治国理政：第一卷［M］．北京：外文出版社，2014：289．

中亚区域经济合作组织、欧亚议会等区域性国际组织与机制的政策沟通，努力实现增信释疑，共同推动中亚地区社会经济政治稳定发展，最终实现与相关区域性国际政治与机制的战略对接。

影响丝绸之路经济带畅通与否的关键因素不仅仅在于商品价格、商品的供给与需求，更在于良好的政策沟通渠道及其形成政治互信的程度。2017年9月，中国国家税务总局局长王军访问了哈萨克斯坦国家收入委员会，与哈财政部长苏丹诺夫、哈国家收入委员会主席腾格巴耶夫就共同推动建立"一带一路"多边税务合作机制，在税务领域为"一带一路"建设营造良好贸易和投资环境等问题进行磋商。① 2019年9月，中国—哈萨克斯坦霍尔果斯国际边境合作中心部级协调机制第一次会议在新疆维吾尔自治区霍尔果斯国际边境合作中心召开，中哈双方一致同意建立中央政府层面、地方政府层面及合作中心层面的三级联动工作机制，加大对《中华人民共和国政府和哈萨克斯坦共和国政府关于霍尔果斯国际边境合作中心活动管理的协定》的执行力度，推动双方区域信息共享和执法合作，加大对合作中心的政策支持，便利贸易投资和人员往来，提升合作中心发展水平。② 在"丝绸之路经济带"倡议下，中国与中亚国家签署相关合作文件数量逐年增加，各国以求同存异、互利共赢为目标，就经济发展规划和政策分析进行充分交流，协商制定合作规划和措施。

设施联通是"丝绸之路经济带"倡议的优先方向，决定着该倡议的发展进程和最终成败。中国与中亚国家的石油、天然气管道建设并投入使用，为中国与中亚国家设施联通打下了良好的基础。道路联通是推动中国与中亚地区构筑利益共同体以及推进"丝绸之路经济带"倡议的重要内容，不仅要实现陆上、空中通道的畅通，而且要实现各大城市之间、关键项目的公路、铁路等交通网络的畅通。通过完善的交通网络，实现中国与中亚国家物流流通便利化，人员

---

① 王军访问哈萨克斯坦国家收入委员会［EB/OL］.国家税务总局，2017-09-26.

② 中国—哈萨克斯坦霍尔果斯国际边境合作中心部级协调机制第一次会议召开［EB/OL］.中国—带—路网，2019-09-05.

各领域交流与互动的便利化。与此同时，通过政策沟通，实现中亚南下印度洋、西达西亚和西欧，北到波罗的海的国际运输大通道。由此形成以中亚为中心，全面覆盖南亚、西亚到欧洲的大区域、大交通格局。以哈萨克斯坦"光明之路"计划为例，该计划的核心在于大力发展哈萨克斯坦国内运输和物流基础设施建设，成为东连中国西连欧洲的"光明之路"。由此可见，哈萨克斯坦"光明之路"计划与"丝绸之路经济带"倡议中的道路联通有着天然的契合，两者目标高度一致。以此为契机，中国与中亚国家可以进一步拓展在该区域的能源、经贸、金融等领域的深度合作，进一步加强在环境、科技、文化等方面的合作。

近年来，中国与中亚国家在以铁路、公路、航运、航空、管道、网络信息空间等为核心的互联互通方面通力协作，实现区域间商品、资金、信息、技术等方面互利共赢的大好局面①，有效促进了区域资源要素的有序流动和资源配置。江苏连云港中哈物流合作基地正式启用后成为丝绸之路经济带第一个实体平台，为离海洋最远的中亚国家提供了通向海洋的通道。与此同时，中欧班列飞速发展，截止到 2021 年年底中欧班列年开行达 19599 列，同比增长 19.6%，与十年前相比增长了上万倍。其中，12210 列都是途经阿拉山口和霍尔果斯，占中欧班列的 62%。目前，中欧班列早已提前完成了《中欧班列建设发展规划2016—2020 年》确定的每年开 5000 列的目标②。截止到 2021 年，经新疆霍尔果斯口岸进出境的中欧班列达到 6362 列，同比增长 26.6%，货运量 906.9 万余吨，同比增长 37%。经阿拉山口的中欧班列有 5848 列，同比增长 16.3%。③ 此外，中吉乌铁路、中塔公路、中塔跨界光缆、乌鲁木齐国际枢纽机场建设也在稳步推进。2019 年 2 月，中吉乌国际道路运输实现运行常态化。中国与上海合作组

---

① 陈楠枰. 快速扫描"一带一路"倡议 6 年交通基建重大进展［J］. 交通建设与管理，2019（2）：40-41.

② 推进"一带一路"建设工作领导小组办公室印发《中欧班列建设发展规划（2016—2020）》［EB/OL］. 中国一带一路网，2016-10-24.

③ 国家发展改革委：2021 年中欧班列开行再创佳绩 成为畅通亚欧供应链的一条大通道［EB/OL］. 中国一带一路网，2022-02-18.

织成员国及相关沿线国家签署了《上海合作组织成员国政府间国际道路运输便利化协定》在内的 18 个双、多边国际运输便利化协定①。

表二：中欧班列开行列数增长示意图

年份	2011	2012	2013	2014	2015	2016	2017	2018	2019	2020	2021
列数	11	42	80	308	815	1702	3673	6363	8225	15778	19599

注：数据来源于"中国一带一路网"。

在设施联通方面，网络技术通畅更具现代性。网络通信畅通是现代国家间交流交往的重要平台。早在 20 世纪 80 年代，罗纳德·多尔就曾指出，"在其他事情相同的情况下，通信密度的增加将确保民族之间，至少是中间阶级之间，或更至少是世界的外交官之间同伴感基础扩大"②。在 21 世纪的今天，网络技术通畅更是如此。随着电子通信技术日新月异的发展与完善，资金、技术、商品、人员、知识、思想等在国家间流动变得更加容易与便捷，而且成本更加低廉。交通通信的畅通改善了不同国家、民族、人民之间的交流沟通往来方式，使其交流更加频繁、更加强烈，形成更加对称与全面的相互作用。最终将形成跨民族、跨国家、跨地域的互动交流与交往模式。

2017 年 7 月，中国驻土库曼斯坦孙炜东大使谈"土'复兴古丝绸之路'与'一带一路'倡议契合"时指出，中土双方正在"一带一路"框架下积极推进设施联通，以降低贸易成本，加强双方协作，共同维护中土天然气管线安全稳定运行，保障中土天然气贸易持续发展；充分利用土区位优势，加强跨境基础设施建设，推进中国—哈萨克斯坦—土库曼斯坦—伊朗铁路集装箱班列线路发

---

① 受权发布：《共建"一带一路"倡议：进展、贡献与展望》（八语种）［EB/OL］. 中国一带一路网，2019-04-22.

② DORE R. Unity and Diversity in World Culture ［M］//BULL H，WAT-SONA，eds. The Expansion of International Society. Oxford：Oxford University Press，1984：423.

展，探索多式联运等新型运输方式。①

贸易畅通是建设"丝绸之路经济带"及构建区域利益共同体的重要内容。贸易畅通是指中国与中亚国家在贸易、投资等经济领域，通过消除贸易壁垒、降低关税等方式，实现双方经贸往来以及投资的便利化，从而推动双方经济又快又好的发展所采取的一系列措施与手段。中国与中亚国家共推"丝绸之路经济带"倡议，不仅能进一步推进中国与中亚国家经济贸易发展上一个新台阶，还能实现投资的便利化、自由化、低成本化，进一步激发地区经济发展活力，从而进一步推动中亚各国参与"丝绸之路经济带"倡议的积极性。中亚地区人口总量约为7200万，自"丝绸之路经济带"倡议推进以来，中国与中亚国家经贸合作力度进一步加大，双方贸易量及贸易额连年攀升。中国与中亚国家哈萨克斯坦、吉尔吉斯斯坦、塔吉克斯坦在农产品快速通关领域积极推进"绿色通道"建设，农产品通关时间大大降低。② 2019年9月11日，中哈两国政府正式签署《关于落实"丝绸之路经济带"建设与"光明之路"新经济政策对接合作规划的谅解备忘录》，旨在进一步推进中哈两国在投资和产能合作、跨境运输、农业、金融以及人文交流等领域展开深度合作。③ 与此同时，中亚地处"丝绸之路经济带"核心区，是南来北往，东行西进的贸易往来必经之地，以中亚为核心区整个丝绸之路经济带总人口近30亿。中国与中亚地区国家实现贸易畅通对打通整个"丝绸之路经济带"沿线国家市场意义重大。

资金融通是构建"丝绸之路经济带"和中国与中亚国家利益共同体的重要支撑，是中国与中亚国家构筑利益共同体在金融领域开展的重要合作。在资金融通领域，中国全力推动与中亚国家构筑长期、稳定、可持续的多元融资渠道，

---

① 中国驻土库曼斯坦大使：土"复兴古丝绸之路"契合"一带一路"中土正商签合作文件［EB/OL］. 中国一带一路网，2017-07-20.

② 共建"一带一路"倡议：进展、贡献与展望［EB/OL］. 新华网，2019-04-22.

③ 中哈签署《关于落实"丝绸之路经济带"建设与"光明之路"新经济政策对接合作规划的谅解备忘录》［EB/OL］. 中国一带一路网，2019-09-12.

以足够的资金保障促进与中亚各国的资金融通。其中应充分发挥丝路基金、亚洲基础设施投资银行等资金融通金融平台的作用，以丝路基金与哈萨克斯坦阿斯塔纳国际金融中心战略合作为契机，进一步推动与中亚其他四国的金融合作。同时，充分发挥中国与中亚国家同为亚洲基础设施投资银行成员的作用，推动亚投行在中国与中亚国家构筑利益共同体进程，进一步发挥资金融通的重要作用。此外，充分利用中国—欧亚经济合作基金等金融平台，为中亚地区国家经济建设提供更充裕的资金支持，实现中国与中亚国家利益共同体构筑呈现较快发展势头。目前，丝路基金有限责任公司与哈萨克斯坦出口投资公司签订协议，设立中哈产能合作项目专项基金并出资 20 亿美元。① 此外，在区域内协商，以区域货币实现贸易结算与兑换，以降低流通成本及提高抵御金融风险的能力。同时，积极探索与域外金融机构开展合作，为区域经济发展提供更加充裕和可持续的资金供给。

民心相通是中国与中亚国家通过丰富多彩的各种社会政治、经济、文化活动，加强彼此友好往来，增进彼此了解，达到尊重彼此政治制度、发展道路、文化习俗、宗教信仰等方面的民意基础和社会基础。民心相通也是推动"丝绸之路经济带"和构建地区利益共同体、责任共同体以及最终的命运共同体的根本指标。除政治互信、国际上相互支持以及经贸发展外，中国与中亚国家间为推动民心相通采取了各种形式、丰富多彩的活动，促进了各国民众之间的了解与交流，中国举办了"丝绸之路国际电影节""中亚人文交流与合作国际论坛""丝绸之路国际旅游合作联盟"等活动，建立了孔子学院、上海合作组织大学、新丝绸之路大学联盟等教育平台，与中亚各国互办"文化年""旅游年""文化日"等②活动，形式多样的社会活动及各种教育交流平台，为加强中国与中亚

① 曾向红."通"中之重——"丝绸之路经济带"建设在中亚［EB/OL］.人民网，2019-02-26.

② 曾向红."通"中之重——"丝绸之路经济带"建设在中亚［EB/OL］.人民网，2019-02-26.

各个国家民众的相互了解、深入交流提供可能。此外，随着中国与中亚国家的社会文化交流的深入推进，中国国内相关城市与中亚各国部分城市交流也进入了一个新的发展阶段，中国与中亚国家相关城市建立友好城市是最直接的体现。

中亚国家和中国的西北地区深居内陆，成为离海洋最远的区域，在融入经济全球化进程中存在着客观上的不利因素，进而大大限制了该地区的经济发展。中国与中亚国家构筑利益共同体客观上能为中国西北地区和中亚国家走向海洋、深度融入全球化进程提供强大新动力。当前，中亚地区作为"一带一路"倡议的西向陆路方向，若向纵深推进，中亚国家必然是其第一站，中亚地区将发挥着不可替代的示范、中转、推进的关键作用。中国与中亚国家以"政策沟通、设施联通、贸易畅通、资金融通、民心相通"的五通合作在推进"丝绸之路经济带"倡议的同时，也为中国与中亚国家构筑利益共同体增添了新的动力，将成为中国进一步联通欧亚、联通世界的示范与桥梁，为推进中国与世界各国构建利益共同体提供必要的联通与示范作用。

二、加强同俄罗斯在中亚地区多边框架下的协调与合作

独立以来，中亚国家与俄罗斯都保持着非常强的相互依存关系，这既有历史文化联系因素，也有现实的需求。中亚国家在俄罗斯国家安全战略中也具有举足轻重的地位，无论是集体安全条约组织，还是欧亚经济联盟中的地位都能充分反映出这一点。中国与中亚国家构筑利益共同体看似在与俄罗斯争夺中亚合作发展的利益，实则不然。俄罗斯和中亚国家独立30余年，社会经济虽取得一定进展，但离人民期望甚远，亟待改善。与此同时，地缘安全环境日趋复杂。无论是俄罗斯还是中亚国家，都无法面对来自西方的社会政治、经济、安全的讹诈与威胁。中国与中亚国家和俄罗斯地缘相近、地位相亲、压力相同，民族复兴和国家振兴的愿望也相同。因此，中国与俄罗斯和中亚国家不仅有双边领域的合作，还有多边框架下的合作。其中，既有俄罗斯主导的集体安全条约组

织，也有中国同俄罗斯和中亚国家共同创建的以安全为主导辐射经济人文领域的上海合作组织；既有中国倡议，中亚国家和俄罗斯积极响应并参与的"丝绸之路经济带"倡议，也有俄罗斯主导的欧亚经济联盟。很显然，中国和俄罗斯在中亚区域倡导的多边安全合作和经济合作有很大的重合，同时，也有一定的补充。这也正是近几年来中俄两国元首多次表示，要加强在区域多边框架下的经济融合发展和在维护地区安全方面协调与配合的现实要求。

（一）实现"丝绸之路经济带"倡议与欧亚经济联盟合作倡议的融合发展

实现"丝绸之路经济带"倡议与欧亚经济联盟的融合发展是中俄两国领导人的共同愿望。2020 年 2 月，俄罗斯总理米舒斯京在欧亚政府间理事会期间发表讲话指出，"欧亚经济联盟未来将进一步加强国际合作，与'一带一路'倡议对接对欧亚经济联盟来说至关重要"①。2021 年 9 月，习近平主席在上海合作组织成员国元首理事会上发表题为"不忘初心 砥砺前行 开启上海合作组织发展新征程"中指出，"我们要推动共建'一带一路'倡议同各国发展战略及欧亚经济联盟等区域合作倡议深入对接"②。

"丝绸之路经济带"倡议与欧亚经济联盟是推动地区经济发展的机制和组织。在地区经济发展方面，"丝绸之路经济带"倡议与欧亚经济联盟拥有诸多共同之处，这些共同之处为二者的融合发展提供了可能。在欧盟与北约持续东扩挤压俄罗斯战略空间的背景下，俄罗斯同白俄罗斯、哈萨克斯坦共同建立了关税同盟，后经发展成为欧亚经济共同体，后又升格为欧亚经济联盟，该联盟着重推动区域内人员、资本、商品与服务的快速流通，最终目标是建成跨国经济联盟。目前，欧亚经济联盟共 5 个成员国和 2 个观察员国，中亚国家包括哈萨

---

① 俄总理：欧亚经济联盟与"一带一路"倡议对接至关重要 [EB/OL]. 中国经济网，2020-02-01.

② 习近平 . 不忘初心 砥砺前行 开启上海合作组织发展新征程——在上海合作组织成员国元首理事会第二十一次会议上的讲话 [N]. 人民日报，2021-09-18（02）.

克斯坦、吉尔吉斯斯坦与乌兹别克斯坦（观察员国）。"丝绸之路经济带"倡议是通过更广泛的合作，将中国快速发展的红利分享出去，以此形成更庞大的利益共同体，最终形成休戚与共的命运共同体。

目前，中亚国家都积极参与推动"丝绸之路经济带"倡议与本国发展战略对接，对各国之间的经济联系起到了强力的推动作用。欧亚经济联盟与丝绸之路经济带诸多联通之处主要包含以下几个方面：一是成员国的重叠，包括哈萨克斯坦、吉尔吉斯斯坦与乌兹别克斯坦，作为欧亚经济联盟的核心国家，俄罗斯同样也是丝绸之路经济带中的重要成员国。二是经济活动路径的重叠，包含亚欧大陆广阔的市场、地区之间的资源互补、联通道路的建设等。三是目的方面的联通，除却利用机制发展本国自身经济，欧亚经济联盟与丝绸之路经济带还能在一定程度上推动地区经济发展，抵消欧盟东扩的压力，平衡整个欧亚大陆的实力发展。

2019 年 10 月末，李克强总理和欧亚经济联盟各成员国总理共同发表了《关于 2018 年 5 月 17 日签署的〈中华人民共和国与欧亚经济联盟经贸合作协定〉生效的联合声明》，该项声明强调中国与欧亚经济联盟成员国"为双方发展相互贸易关系和在共同关注的领域促进经济合作完善条件，遵循各有关方在非歧视原则基础上包容性参与的、开放的、连续的且可预见的贸易政策"①。同时，双方强调该协定的生效是建设共同经济发展空间、实现"一带一盟"对接及协调发展的重要举措，要尽早启动双边贸易及合作条款的具体实施。② 2020 年 12 月初，欧亚经济委员会贸易委员斯列普涅夫及欧亚经济联盟各成员国在欧亚经济联盟首届欧亚大会期间，就"一带一盟"对接问题做了发言。商务部副部长俞建华通过视频方式致辞指出，中方愿进一步深化同欧亚经济联盟合作：一是建

---

① 关于 2018 年 5 月 17 日签署的《中华人民共和国与欧亚经济联盟经贸合作协定》生效的联合声明［EB/OL］. 人民网，2019-10-26.

② 关于 2018 年 5 月 17 日签署的《中华人民共和国与欧亚经济联盟经贸合作协定》生效的联合声明［EB/OL］. 人民网，2019-10-26.

议尽快启动双方自贸协定联合可研，为疫情后各国经济复苏、为全球贸易投资自由化便利化做出贡献。二是充分发挥联委会机制作用，落实贸易便利化举措，深化贸易救济领域对话，减少贸易壁垒。三是在做好疫情防控的前提下，稳妥推进货物"绿色通道"建设，发挥中欧班列联通欧亚大陆的通道作用，带动新亚欧大陆桥等经济走廊的建设。①

　　为打造中国与中亚国家构建互利共赢的利益共同体，中国倡导的丝绸之路经济带与欧亚经济联盟可采用以下方式尝试对接：一是"两手都要抓，两手都要硬"并行出击。"一手抓"与中亚国家进一步深化双边关系。例如，实现与中亚地区国家发展战略相对接：实现丝绸之路经济带与"光明之路"的战略对接。2015 年 5 月，习近平访问哈萨克斯坦期间，哈萨克斯坦总统纳扎尔巴耶夫曾向习近平主席表示，"哈萨克斯坦支持中方提出的'一带一路'倡议，愿成为丝绸之路经济带建设的重要伙伴，做好丝绸之路经济带建设同'光明之路'经济发展战略的对接，加强同中方在经贸、产能、能源、科技等领域合作"②。纳扎尔巴耶夫指出，"哈萨克斯坦是古丝绸之路在中国境外的第一站，相信在'丝绸之路经济带'建设中也将成为重要一站"③。目前，中哈双方已签署政策对接合作规划，并在交通、工业、农产品等领域展开。"另一手抓"欧亚经济联盟全方位接触，尝试实现"一带一盟"对接合作。二是明确优先发展方向。"丝绸之路经济带"倡议与欧亚经济联盟的发展路径具有诸多相通之处，丝绸之路经济带提出了包含政策、设施、贸易、资金、民心在内的"五通"目标，而欧亚经济联盟则在工农发展、商业贸易、能源合作与基础设施等方面进行了广泛的合作。以互联互通为例，各国之间积极建设交通网络、能源管网乃至信息网络，打破人员和资源的流通壁垒，是欧亚经济联盟与丝绸之路经济带实现融合发展的核

① 商务部副部长、国际贸易谈判副代表俞建华为欧亚经济联盟首届欧亚大会致辞 [EB/OL]. 中华人民共和国商务部网，2020-12-04.

② 习近平同哈萨克斯坦总统纳扎尔巴耶夫会谈 [EB/OL]. 中新网，2015-05-07.

③ 我所知道的哈萨克斯坦首任总统 [N]. 人民网，2020-07-02.

心环节与重点方向。

此外，"丝绸之路经济带"倡议还具有"欧亚经济联盟"所不具备的优势。欧亚经济联盟并不包括中亚国家塔吉克斯坦和土库曼斯坦，但土库曼斯坦和塔吉克斯坦两国与"丝绸之路经济带"倡议却有着良好的合作。实现"丝绸之路经济带"倡议与"欧亚经济联盟"融合发展，实质上已在某种层次上推动了欧亚经济联盟与塔吉克斯坦、土库曼斯坦的融合发展。

（二）加强上合组织与集安组织维护安全方面的协调与配合

2021 年 12 月 15 日，习近平主席同普京总统进行了视频会晤，此次会晤以总结 2021 年以来双边关系发展取得的新成果以及对各领域合作做出新规划为主要内容。在关于地区安全合作方面，习近平主席指出，"中方愿继续同俄方和集体安全条约组织成员国开展灵活多样的合作，维护地区安全和稳定"[①]。实际上同年 9 月 17 日，习近平主席以视频方式出席上海合作组织和集体安全条约组织成员国领导人阿富汗问题联合峰会时就已经指出，"上海合作组织和集体安全条约组织成员国都是阿富汗近邻，大家是命运共同体，也是安全共同体。关键时刻应该共同发挥作用，共同维护比金子还珍贵的和平稳定"[②]。

集体安全条约组织，简称集安组织。集安组织源于独联体集体安全条约，是独联体地区国家俄罗斯、哈萨克斯坦、乌兹别克斯坦、吉尔吉斯斯坦、塔吉克斯坦和亚美尼亚 6 国于 1992 年 5 月在中亚乌兹别克斯坦会晤时共同签署的一项维护地区安全的条约。1994 年 4 月 20 日，独联体集体安全条约正式生效。2002 年 5 月，独联体集体安全条约签署十周年之际，独联体集体安全条约理事会通过决议，将"独联体集体安全条约"升级为集体安全条约组织。

集体安全条约组织基本宗旨在于通过提高成员国联合作战的能力，实现地

---

① 习近平同俄罗斯总统普京举行视频会晤［N］. 新华网，2021-12-15.
② 习近平出席上海合作组织和集体安全条约组织成员国领导人阿富汗问题联合峰会［N］.人民日报，2021-09-18（01）.

区的集体防御，以最终达到地区国家的安全与稳定。由此可见，集体安全条约组织的功能基本包括两个部分：内防动乱，外防入侵。在内防动乱方面，主要体现为防止独联体集体安全条约组织成员国间可能出现的武装冲突，并积极协调成员国内部可能出现的矛盾与冲突。此外，打击地区恐怖主义、跨境有组织犯罪和毒品犯罪也是其重要内容。在外防入侵方面，主要体现为集体安全条约组织成员国国家主权、领土、安全受到威胁时，集体安全条约组织各成员国应当立即协调立场，并采取措施消除威胁。当出现外部势力入侵独联体集体安全条约组织成员国情况时，则被视为对集体安全条约组织所有成员国的入侵，所有成员国必须给予一切必要的援助。与此同时，就集体安全条约组织的原则而言，集体安全条约组织实行开放原则，一切赞同该组织宗旨的国家和地区都可以加入该组织。同时，相关国家加入集体安全条约组织后，并不影响这些国家参加其他相关组织及条约，并履行相关权利和义务，但不得签署与独联体集体安全条约相抵触的条约与协议。

上海合作组织作为地区安全、经济和文化合作组织，在安全领域与集体安全条约组织有着诸多共同之处。一是区域军事互信机制的形成。二是非传统安全被视为安全合作的重中之重，其中，打击恐怖主义是上海合作组织和集体安全条约组织地区安全的首要任务。三是在打击跨境犯罪、贩毒运毒方面也有着共同之处。四是集体安全条约组织和上海合作组织都有着稳定的组织架构和定期的会晤机制。五是上海合作组织与集体安全条约组织成员构成基本相同，上海合作组织成员除中国之外，都是集体安全条约组织的成员。当然，尽管上海合作组织与集体安全条约组织在安全领域有着诸多共同之处，即都以维护地区安全与稳定为基本宗旨，特别是在打击地区"三股势力"和跨国犯罪以及毒品犯罪方面，但也有一定的不同：安全合作只是上海合作组织的一个方面，政治、经济及人文领域的合作与安全合作被视为上海合作组织的"四个轮子"。同时，上海合作组织在安全领域的合作主要体现在非传统安全领域，集体安全条约组织不仅包含非传统安全领域的合作，也包含传统军事安全领域的合作，甚至可以说集体安全条约组织的建立本身就是为了实现传统安全而共同建立的一个集体防御的军事化组织。

尽管如此，上海合作组织与集体安全条约组织在成员构成、地区安全功能及组织结构方面存在诸多重合之处。因而，可进一步推进上海合作组织与独联体集体安全条约组织的深入合作。对此，俄罗斯学者鲁雅宁（Лузянин）也曾表示，未来上海合作组织和集体安全条约组织不排除进行深入合作的可能。[①] 为进一步深化上海合作组织与集体安全条约组织在安全领域的协调与合作，2007 年 10 月，上海合作组织秘书处与集体安全条约组织秘书处已签署了谅解备忘录[②]，就双方在打击地区"三股势力"、跨境犯罪、毒品贩卖运输等共同职责领域开展全方位协调与合作。以此为基础，上海合作组织应实现与独联体集体安全条约组织在组织机制、反恐军演、情报交流与共享以及地区其他安全领域的互动与交流，充分发挥上海合作组织和独联体集体安全条约组织深度融合的最大效用，以更加有效地维护地区的安全与稳定。

当前，世界迎来百年未有之大变局，东西方格局日渐形成"东升西降""东西方平衡"的趋势，国际治理也由西方主导发展为东西方共治的基本特征。新冠疫情肆虐与百年变局相互交织，对整个地区形势、国际形势都产生了严重影响。特别是地区局势发展要求上海合作组织和集体安全条约组织共同发挥作用、共同维护地区安全与和平。尽管上海合作组织和集体安全条约组织在成员、功能、组织性质等方面有所不同，但正是有了这些同与不同才为上海合作组织和集体安全条约组织的协调与配合提供了可能性。2021 年 9 月，上海合作组织和集体安全条约组织领导人就美军撤出阿富汗后的地区安全形势与稳定问题召开联合视频会议。习近平主席在会上表示，"上海合作组织和集体安全条约组织要

---

① С. Г. Лузянин. ШОС накануне саммита в Астанею. Россия и Китай в Шанхайской организации сотрудничества. М. 2006. стр. 28.

② 余建华，等. 上海合作组织非传统安全研究 ［M］. 上海：上海社会科学院出版社，2009：360.

发挥好两组织成员国独特优势和各自影响"①。百年未有之大变局与新冠疫情交织而来，为中亚地区整个局势带来了一些新的不确定因素，这就要求中国同俄罗斯在维护地区安全方面展开灵活多样的合作，以确保中亚地区秩序井然。2021年年末，习近平主席在与普京的视频会晤中总结了一年来中国同俄罗斯在维护国际公平正义、团结国际社会共同抗疫、构建新型国际关系等领域合作所取得的成绩，并表示"中方愿继续同俄方和集体安全条约组织成员国开展灵活多样的合作，维护地区安全和稳定"②。

综上，中国同俄罗斯和中亚国家共同构筑的多边区域合作不仅能实现地区经济的繁荣发展和地区的和平与安宁，而且能进一步推动中国与俄罗斯和中亚国家的战略互信。与此同时，各方都能摆脱对西方世界的完全依赖，形成健康的国民经济社会发展体系，而且能为处于十字路口的中亚国家给出一个新的发展体验。百年变局下新兴国家崛起，守成国家四面出击，国际热点频发，诸多发展中国家成为守成国家维护其国际地位的牺牲品。中亚地区地缘地位险要，有"得中亚，得天下"之说，已形成群雄逐鹿中亚之势。无论是美国的"大中亚计划""新丝绸之路""C5+1"机制，还是"突厥国家组织"未来构想，都是"项庄舞剑"，意在中俄。因此，中俄"丝绸之路经济带"倡议同欧亚经济联盟的融合发展，就在于限制以美国为首的西方社会以及新近成立的"突厥国家组织"对中亚地区的经济渗透，完善区域经济空间发展格局，以上海合作组织同集体安全条约组织的协调与配合来弥补区域安全的发展漏洞。

三、积极努力与地区其他国际合作机制进行沟通与协调

约翰·伯顿在《世界社会》一书中提出一种"蜘蛛网模型"的跨国关系，

---

① 习近平出席上海合作组织和集体安全条约组织成员国领导人阿富汗问题联合峰会［N］. 人民日报，2021-09-18（01）.
② 习近平同俄罗斯总统普京举行视频会晤［EB/OL］. 新华网，2021-12-15.

即在全球化时代，现代民族国家、个人分别隶属于很多不同团体（区域组织、宗教、商业、劳工等），这些团体很大程度上是互惠合作的，处于"蜘蛛网模型"中的国家成员具有广泛交叉性与重叠性。这种交叉性与重叠性虽不至于彻底根除冲突，但也会大大减弱冲突概率。多重成员的身份将任意两个团体之间发生严重冲突的危险降至最小。

（一）探讨搭建亚洲基础设施投资银行与其他多边金融机构的协调发展

2015 年 3 月，习近平主席在博鳌亚洲论坛年会上发表题为"迈向命运共同体 开创亚洲新未来"的主旨演讲中指出，构建更为紧密的中国—东盟命运共同体，"我们要积极推动构建地区金融合作体系，探讨搭建亚洲金融机构交流合作平台，推动亚洲基础设施投资银行同亚洲开发银行、世界银行等多边金融机构互补共进、协调发展"[1]。

亚洲基础设施投资银行是由中国倡议发起的为亚洲地区国家基础设施建设与发展提供帮助的多边金融机构。2015 年 12 月，由中国倡议发起的亚洲基础设施投资银行正式成立。其创始成员国达到了 57 个，其中亚洲区域内国家为 34 个，亚洲区域外国家达到 23 个，有欧洲、美洲、大洋洲、非洲等各洲国家积极参与，短短 5 年间成员国已遍及全球。[2]

亚洲基础设施投资银行通过在基础设施及其他生产性领域的投资，促进亚洲经济可持续发展、创造财富并改善基础设施互联互通；与其他多边和双边开发机构紧密合作，推进区域合作和伙伴关系，应对发展挑战。[3] 为实现其宗旨，亚投行把推动地区内发展领域的公共和私营资本投资，特别是基础设施建设和生产性发展作为其基本职能，特别关注区域内欠发达国家的投资需求，并积极

---

① 习近平．迈向命运共同体 开创亚洲新未来——在博鳌亚洲论坛 2015 年年会上的主旨演讲［N］．人民日报，2015-03-29（02）.

② 根据中华人民共和国财政部官网和亚洲基础设施投资银行官网相关数据整理。

③ 亚投行简况［EB/OL］．中华人民共和国财政部网，2020-12-07.

鼓励私营资本参与投资区域基础设施建设和生产性领域的一些项目。2016 年 1 月 1 日，亚投行正式运行。当年 6 月，亚投行首批四个项目获批：孟加拉国的电力配送升级和扩容项目、印度尼西亚的国家贫民窟升级项目、巴基斯坦的 M-4 高速公路项目和塔吉克斯坦的公路项目。① 截至当前，亚投行已为成员提供了 200 多亿美元的基础设施投资。亚投行自创建以来，各成员国展现的开放包容的合作态度、务实行动、发展理念和投资模式赢得了诸多国家的认同，吸引了全球诸多发达国家和发展中国家的积极参与。诺贝尔经济学奖得主约瑟夫·斯蒂格利茨说，亚投行是"全球经济治理的一大进步"②。截止到 2020 年 7 月中旬，亚洲基础设施投资银行成员国已达到 102 个。③

亚洲开发银行虽然是亚太地区的区域性金融机构，但其主要被美日两国所主导。亚洲开发银行成立的目的在于促进亚太地区国家的合作与发展，帮助亚太地区国家发展，改善亚太区域内民众的生活水准。亚洲开发银行的关注领域广泛，包含能源、设施、环境、农业及通信等多方面，这样便造成亚洲开发银行在有限资金的基础上，各方面投入严重不足。例如，"2010 年至 2020 年间，亚洲每年基础设施投资需 7760 亿美元，而亚洲开发银行每年仅能提供 130 亿美元新增贷款"④。

亚洲基础设施投资银行与亚洲开发银行等多边金融机构的关注领域、投资重点都有所不同。亚洲基础设施投资银行的成立能够有效覆盖世界银行、亚洲开发银行等多边金融机构关注较少的领域和国家，是对地区多边金融合作的一个补充与完善，有助于实现亚洲地区的社会经济发展。亚投行作为亚洲地区的多边金融机构，相比亚洲开发银行、世界银行等多边金融机构关注领域更专一，

---

① 岳西宽."一带一路"硕果累累 [J]. 唯实，2017（5）：92-96.
② 诺奖得主：亚投行是全球经济治理一大进步 [EB/OL]. 人民网，2015-05-08.
③ 习近平在亚洲基础设施投资银行第五届理事会年会视频会议开幕式上的致辞（全文）[EB/OL]. 新华网，2020-07-28.
④ 舒建中. 亚洲基础设施投资银行与国际金融秩序 [J]. 国际关系研究，2015（4）：15-26，151-152.

主要为亚洲地区基础设施的建设与生产性领域项目提供帮助。同时，兼顾医疗与教育等领域。亚洲基础设施投资银行成立的背景主要包含两个方面，一方面是全球背景下新兴国家的崛起，新兴国家渴望在国际舞台中发挥更多的效用，承担更多的责任。另一方面，是亚洲基础设施建设落后与亚洲一体化发展之间的矛盾。亚洲开发银行自身存在的弊端以及与亚洲基础设施投资银行工作重点的不同，可以促使协调发展、相互补充，共同促进亚洲地区更好地建设与发展。中亚地区作为亚洲区域的重要组成部分以及中亚国家作为亚投行的重要参与者，实现亚投行与亚洲开发银行、世界银行及其他金融机构协调与配合，对于中亚地区国家发展具有积极的意义。

（二）扩大同地区其他国际和地区组织的协调与合作

2014 年 9 月，习近平主席在出席上海合作组织杜尚别峰会时，同上海合作组织成员国元首一致同意"扩大同联合国及其他国际和地区组织的合作，加强成员国同观察员国和对话伙伴的联系"①。扩大同联合国及其他国际和地区组织的合作并不会使上海合作组织失去其作用，反而是扩大影响、增进了解、知己知彼的过程。中亚地区是国际社会中机制②重叠现象最复杂、最难解的一个区域。中亚区域国家全部或部分加入由俄罗斯主导的机制独联体、集体安全条约组织、欧亚经济联盟，由美国所主导的大中亚合作和发展伙伴计划、新丝绸之路、C5+1，由中国同中亚国家和俄罗斯共同创建的上海合作组织、中国提出中亚国家积极响应的"丝绸之路经济带"倡议，由欧洲国家主导的欧安组织，由土耳其主导的"突厥语国家组织"，等等。中亚国家既是上海合作组织的创建者与"一带一路"倡议的积极响应者，也是地区其他国际机制的创建者或参与者，不可能因为加入上海合作组织或参与"一带一路"倡议而放弃与其他机制的深

---

① 习近平出席上海合作组织杜尚别峰会并发表重要讲话——强调凝心聚力 精诚协作 推动上海合作组织再上新台阶［EB/OL］. 人民网，2014-09-13.

② 机制就是那些指导国际行为体行为的原则、规范、规则和程序。

入合作，正所谓"不能因一棵树而失去整个森林"就是这个道理。对地区安全合作而言，除了上述的集体安全条约组织，欧安组织一直以来在中亚活动较频繁，扩大与其交往、交流，可以增进了解，做到知己知彼。

欧安组织是欧洲安全与合作组织的简称，其前身是欧洲安全与合作会议（简称欧安会）。欧洲安全与合作会议的出现主要是对美苏冷战反映的结果，是欧洲国家期望能成为世界第三股力量，并能在国际上自主表达其声音、加强其国际地位合作的结果。冷战结束后，欧洲安全与合作会议的宗旨与目标更为明确，即成为维护地区安全与稳定的一个国际性组织，欧洲安全与合作会议要把"进行政治对话的论坛演变成促进稳定与发展合作的地区组织"①。

1992 年，新独立的中亚五国为维护自身及地区的安全与稳定也相继加入其中，以实现欧安组织对本国、本地区的支持。1995 年 1 月，欧洲安全与合作会议正式更名为欧洲安全与合作组织。目前，欧洲安全与合作组织成员国数量达到 57 个，是世界上最大的区域性国际组织，成员包括欧洲、亚洲、美洲地区的国家，是各成员国就欧亚地区安全事务进行磋商的一个平台。中亚国家加入欧安组织不久后，便在中亚乌兹别克斯坦、塔吉克斯坦、吉尔吉斯斯坦和土库曼斯坦设立观察站和联络处，并设立了欧安组织的阿拉木图中心、比什凯克中心、杜尚别中心和阿什哈巴德中心，以负责欧安组织与中亚地区、国家的联络工作。自欧安组织中亚联络处、中心设立以来，欧安组织在中亚努力推进西方民主选择制度、人权保障、媒体发展等，努力推动中亚国家接受欧安组织的价值理念，以推动地区安全与稳定，进而实现欧洲地区的安全与稳定的战略目的。因此，欧安组织在中亚地区除推动西方价值理念和社会、政治、经济等活动外，其重要任务还有打击中亚地区恐怖主义、有组织犯罪、边界安全等方面的合作。

中亚国家作为中国西部的近邻，中亚国家的安全与稳定直接影响中国西北边疆的安全与稳定。上海合作组织的成立充分反映了中国与中亚国家在安全领

---

① 托卡耶夫. 中亚之鹰的外交战略 [M]. 北京：新华出版社，2002：174.

域的共同诉求，上海合作组织成立20年来为维护地区安全与稳定发挥了至关重要的作用。对于中亚地区的安全与稳定，上海合作组织与欧安组织有着共同的诉求，都期望中亚地区长期安全与稳定。上海合作组织成立不久后，上海合作组织代表出席了欧安组织在维也纳举行的对话伙伴会议和在葡萄牙举行的打击和预防恐怖主义的会议。2004年，欧安组织秘书长出席了上海合作组织秘书处启动仪式。由此，拉开了上海合作组织与欧安组织的对话与交流。随着上海合作组织的不断发展，经济合作、人文合作以及对外合作成为上海合作组织发展的重要内容。尽管上海合作组织与欧安组织在各个领域存在一定竞争关系，但双方对于中亚地区的安全与稳定目标是一致的。近年来，随着"丝绸之路经济带"倡议不断被世界各国广为接受，中亚地区国家以及欧安组织成员国积极响应并参与其中。因此，中国深入推进与欧安组织在维护中亚地区稳定与发展方面的职能，不仅有利于区域目标的实现，也有利于全球战略目标的推进。

总体来看，当前中亚地区各种机制重叠现象较为普遍，这既是中亚国家出于自身政治、经济、安全等利益的考虑，也是世界大国为维护自身利益布局中亚的战略考量。中亚地区出现的政治、经济、安全合作机制，一方面为提升中亚地区国家国际地位发挥了重要作用，另一方面为中亚地区社会经济发展提供了历史发展机遇。当然，任何事物都有其两面性，多重机制的出现，既可能出现合作，亦可能出现竞争。中亚地区作为中国西部的近邻，地缘位置极为重要，中国一方面要以双边合作深化双方关系，另一方面要以上海合作组织、"丝绸之路经济带"倡议为平台加强与中亚国家的合作，还要努力与地区其他国际机制进行广泛接触，深化与中亚地区其他国际组织、机制的合作，努力推动中亚地区经济、社会平稳有序发展。

四、提供更为广泛的地区公共产品

近年来，随着中国国家实力的不断增强，中国已不再是曾经那个"搭便车"

者，开始承担更多的国际责任。"丝绸之路经济带"倡议提出以来，互联互通、地区金融机构、共商共建共享、人类命运共同体等物质性和理念性公共产品层出不穷。中亚作为中国的近邻，不仅有着密切的历史文化联系，而且是中国周边外交的重点区域、"丝绸之路经济带"倡议推进的关键区域，为该地区提供更多的公共产品不仅有助于地区社会经济稳步发展，更有利于中国与中亚国家利益共同体、责任共同体与命运共同体的构建。

（一）持续推进基础设施、生态环境等领域的合作

推进地区基础设施和生态环境等领域的合作有助于中国与中亚国家之间建立更加密切的联系。中国与中亚国家山水相连的地缘关系为双方密切合作提供了地缘基础，古丝绸之路绵延千年与此密不可分。新时期，中国与中亚在基础设施建设方面进一步加强。2018年，中吉乌国际货运道路建成，将原本的货运时间缩短为2天。在生态保护方面，中国科学院中亚生态与环境研究中心现已在中亚建立了3个分中心，3个实验室与15个野外观测站。在能源合作方面，中亚与中国先后建立中哈原油管道、中亚—中国国际天然气大通道。中国同中亚之间的多方位合作目前已初显效果。因此，为了更快更好地实现中国同中亚地区之间利益共同体的建构，未来中国与中亚国家之间的合作方向应从以下两点入手：一是扩大合作范围，努力实现中国同中亚各国之间的经济、文化、医疗、生态、科技以及信息等方面的全方位合作。二是加深合作程度，从简单项目合作加深到复杂项目合作、技术类项目合作与理念性交流。

项目类的合作有助于培养中国同中亚地区之间的民众心理认同。区域内的民众心理认同对于建构利益共同体同样重要，民众的心理认同能够最大限度减少项目及政策的落实阻力，助力中国同中亚地区之间建构利益共同体。中国同中亚持续提供更为广泛的地区公共产品，可以有效提升区域内民众的生活质量与社会环境，提升群众的满意度与心理认同。

（二）加强地区公共卫生安全合作

全球化时代公共卫生安全不再仅限于一国内部，已由一国转向多国、全球所有地区与国家。伴随着全球化进程的深入发展，地区的、局部的病毒传播、传染病、环境污染等地区与国际公共卫生事件频发，要求国际社会通力合作共同应对。新冠疫情的全球蔓延，更加凸显了国际社会团结合作、联防联控的重要性。团结合作将是人类战胜全球公共卫生事件最有力的武器。

从新冠疫情暴发之初，中亚国家对中国物质上的援助与道义上的支持，到中期疫情在全球的蔓延，中国对中亚国家医疗物资及经济的援助，再到目前双方在抗疫领域医疗技术、疫苗研发、通行码相互认证问题等开展的合作。中国与中亚国家在新冠疫情这场国际公共卫生安全事件上加强高层沟通、交流合作不断深入，以分享疫情信息，开展疫情防控、防治合作，为双方未来应对相关问题奠定了基础，为中国与中亚国家构筑地区公共卫生安全命运共同体打下了坚实的基础。

（三）支持并完善多方位"5+1"机制性产品

中国+中亚五国外长会议是由中华人民共和国外交部部长王毅同中亚哈萨克斯坦外交部长特列乌别尔季、土库曼斯坦外交部长梅列多夫、乌兹别克斯坦外交部长卡米洛夫、塔吉克斯坦外交部长穆赫里丁和吉尔吉斯斯坦外交部长艾达尔别科夫共同参与、发起的外长会晤机制，即"5+1"机制。2020年7月16日，中国+中亚五国外长会议首次会议以视频方式在网络上召开。中国+中亚五国外长会议首次会议是新冠疫情大流行期间，中国外长同中亚五国外长以加强抗疫合作、经济复苏、地区安全、密切协助为主要内容，会议通过并发表了《"中国+中亚五国"外长视频会议联合声明》，中国外长和中亚五国外长一致决定将"中国+中亚五国"外长会晤机制化。

2021年5月12日，"中国+中亚五国"外长第二次会晤再次于西安成功举行，各方就加强战略互信、继续团结抗疫、构建命运共同体、共建地方合作机制等达成共识。"中国+中亚五国"外长定期会晤机制以规划、共识的方式助力中国同中亚各国增强联系，助力中国与中亚利益共同体的构筑。一方面，"5+1"外长定期会晤机制开辟了中国与中亚五国集体合作的全新路径。区别于"人类命运共同体""一带一路"等全球性或广域性合作，"5+1"外长定期会晤机制实现了区域内的合作路径架构。另一方面，"5+1"外长定期会晤机制实现了对"一带一路"倡议的精准补充，"一带一路"作为广域性合作，其合作领域及合作方式具有更高的普适性，对中国与中亚区域内的合作针对性不足，而"5+1"外长定期会晤机制则能更好地针对区域内的特点提出规划与设立项目，更加精准地深化中国同中亚的合作交流。"5+1"外长定期会晤机制的这种显著成效突出显示了"5+1"机制性产品的优势特点。

因此，未来中国与中亚的交流合作应继续搭建多方位"5+1"机制性产品，不断深化相关领域的合作，推动中国与中亚国家政府、市场与社会相互合作机制，合作常态化发展。加强各省市、地州之间的合作与交流，深化双方合作需求，完善相关法律法规，为双方深入开展合作奠定法律保障。同时，充分发挥市场在资源配置方面的引导作用，激发市场活力，推动地方经济又快又好地发展。以企业、社会机构为媒介，充分发挥人文、科技、教育、能源、环保等领域的融合功能，打通双方民间交流渠道，助力中国同中亚国家利益共同体的顺利构筑。

五、进一步加强地区间的文化交流

中国与中亚地区文化交流源远流长，尽管两国在文化领域存在一定差异，但这并不妨碍双方在人文领域的交流与互动。不仅如此，中亚还曾经是东西方文明互动与交流的桥梁。新时期，中国与中亚国家间的文化交流，不仅能够增进双方了解，深化双方民间交往的基础与民意基础，还能推动中国与中亚国家人民间的彼此认同度，有利于促进双方关系的长远发展。

（一）进一步加强中国与中亚国家文化部门的合作

在文化领域，中国与中亚国家自建交以来双方政府间签署一系列文化合作协定、协议、计划。20 世纪末，中国与中亚国家先后签署了《中哈政府文化合作协定》《中吉文化、教育、卫生、旅游和体育合作协定》《中土政府文化合作协定》《中土政府旅游合作协定》《中塔政府文化合作协定》《中吉政府文化合作协定》，《中哈文化部 1993—1994 年合作计划》《中哈 1998—2000 年文化合作计划》等一系列文化合作文件，这些文化合作协定、协议与计划为中国与中亚国家开展合作奠定了坚实的基础。

进入 21 世纪后，中国与中亚国家文化合作领域不断拓宽。中哈先后签署了《中哈旅游合作协定》《2001—2002 年文化合作计划》《中国国家档案局和哈文化和信息部在档案领域的合作协议》，中国与吉尔吉斯斯坦于 2006 年签署了《中吉 2006—2011 年文化合作计划》《中国国家档案局和吉尔吉斯国家档案合作协议》，中国与塔吉克斯坦先后签署了《中塔政府旅游合作协定》《中国国家广播电影电视总局与塔吉克斯坦政府广播电视委员会合作协议》，中国与乌兹别克斯坦先后签署了《中乌文化部 2004—2007 年文化交流计划》《中国广播电影电视总局和乌兹别克斯坦国家电视广播公司合作协议》《中国国家旅游局和乌兹别克斯坦旅游公司旅游合作协议》等一系列文化合作文件，文化、旅游、广播电视等领域进入双方文化合作意向范畴。

中国与中亚国家文化合作逐渐深入，并进入实际可操作阶段。2014 年 9 月，中哈双方相关负责人讨论了双方新闻媒体管理政策、推进实施"丝绸之路影视桥"等广播电视领域合作项目。与此同时，双方进一步推动彼此"文化日"活动。在哈萨克斯坦"中国文化日"框架下举办了"中国美丽乡村"生态文化作品展，由中国驻哈使馆与中国文化部共同举办"欢乐春节"，中哈两国相关文化机构于 2014 年举办了丝绸之路国际文化论坛。2015 年 12 月，中吉双方在吉尔吉斯斯坦国家图书馆设立中国文化教育中心。2016 年 8 月,"感知中国·哈萨克斯坦行"系列人文交流活动成功举行,哈萨克斯坦国家图书馆建立了中国馆,向哈萨克斯坦广大民众展示中国非物质文化遗产展览、旅游图片展览、中国智造展等展览活动。8 月 31 日,由中国石油援建的阿斯塔纳国立舞蹈学院竣工并投入使用。阿斯塔纳国立舞蹈学院现已成为哈萨克斯坦首都一处重要的文化旅游景点。2018 年 12 月,乌兹别克斯坦文化部门与德国和中国相关文化部门联合举办了"丝路艺术——乌中德三国艺术联展暨丝路文化论坛"。

总体来看,近些年中国与中亚国家文化交流不断深入,已逐渐形成官方、民间文化交流两种渠道。民间文化交流渠道源远流长从未停息,官方文化交流渠道自双方建交以来,从最初的文件、意向、远景规划,到当前中国中亚国家文化日、中亚国家中国文化日等具体官方文化交流项目落地实施,双方文化交流由被动转为主动,为中国与中亚国家文化交流添入了新的动力。因此,为加强中国与中亚国家文化交流,促进双边文化更好发展,应进一步实现双方文化交流制度化与机制化发展。

(二) 全力推动中国与中亚国家开展文化交流活动

中国与中亚国家建交以来,随着双方官方文化部门的推动,中国与中亚国家开展了形式多样的文化交流活动,这些活动对于增进中国与中亚国家人民之间互通互信、加深彼此间的友好情感起到了重要作用。

中亚地区的中国文化中心成为中亚国家人民了解中国文化的一个重要途径。自改革开放以来,中国国民经济飞速发展,国际地位迅速提升,国际社会中特别是以美国为首的西方国家对中国的敌视情绪越来越严重。由于西方占据国际话语制高点,打压、抹黑中国已成为一种常见的现象。为了改变这种不正常的国际舆论现象,中国对外文化传播成为国际社会了解中国的一个重要渠道。其中,以在相关地区、国家设立中国文化中心作为宣传、传播中国文化的手段。目前,中国已在哈萨克斯坦、乌兹别克斯坦等中亚国家设立中国文化中心。这些中国文化中心均由中哈双方相关部门或社会人员共同组建：哈萨克斯坦中国文化中心由中国驻哈使馆和哈国家图书馆共同创办，乌兹别克斯坦中国文化中心由乌兹别克斯坦籍华人于20世纪90年代初创立。① 中方相关部门为相关国家中国文化中心提供中文书籍、杂志，并定期举办关于中国文化、科技、历史、地理等方面展览，并举办中国电影周、文化节、图书展、摄影展、文物展等中国文化活动。这些活动成为中亚相关国家了解中国文化的重要渠道之一。

　　中国与中亚国家的"文化日"活动是中国民众了解中亚国家的重要途径之一。2004年和2005年，中国与乌兹别克斯坦两国文化部先后在乌中两国举办了"中国文化日"活动和"乌兹别克斯坦文化日"活动。活动内容既有中国杂技、摄影艺术、中国电影节等②，也有展现古代丝绸之路之辉煌的中亚民族歌舞晚会《丝绸之路》。2007年5月，中塔联合在中国首都图书馆举办了"塔吉克斯坦文化日"活动，以塔吉克斯坦艺术展向中国观众呈现了塔吉克斯坦绘画及摄影创作。2008年9月，中国"吉尔吉斯斯坦文化日"活动在北京举行。2014年9月，哈萨克斯坦"中国文化日"举办了《瓷韵中华——中国陶瓷、紫砂艺术展》和《中国美丽乡村》采风作品展开幕式。③ 2015年和2018年，中土文化部门先后在土库曼斯坦阿什哈巴德和中国北京举办"中国文化日"和"土库曼斯坦文化日"活动，其中，"土库曼斯坦文化日"活动向中国观众展示了土库曼斯坦国家文化中心博物馆的100余件珍贵藏品，有民族服装、服饰、地毯、乐器以及图片等。④ 此外，中国在中亚国家举办了"中国电影周""中国电影日"活动。

　　总体来看，中国与中亚国家的文化日活动充分展示了相关国家的文化、历

---

① 赵晓佳. 中国与中亚的友好交流研究［D］. 北京：中央民族大学，2011.
② 赵晓佳. 中国与中亚的友好交流研究［D］. 北京：中央民族大学，2011.
③ "中国文化日"在哈萨克斯坦拉开帷幕［EB/OL］. 中国驻哈萨克斯坦大使馆网站，2014-09-27.
④ 土库曼斯坦装饰、实用艺术及博物馆珍品展来到中国［EB/OL］. 艺术中国，2018-06-24.

史、民族风貌，为双方民众了解和走进彼此的世界打开了新的一扇窗。

（三）进一步加强地区媒体和高等院校的合作与交流

新闻媒体与出版单位是现代文化交流与合作的重要载体。中国与中亚国家文化交流需要双方加强新闻媒体、出版单位间的合作与交流。中国与中亚各国建交以来，中国与各国间丰富多彩、富有成效的文化交流与合作促进了中国及中亚各国文化的进一步繁荣，也为增进各国人民之间的友谊起到了积极作用。2014 年，中国民族出版社代表团赴哈萨克斯坦参加《中国共产党历史》（第二卷）哈语版首发式。同时，民族出版社代表团针对国内已经出版的相关图书，如《伟大的改革家邓小平》《骆驼祥子》《家》《子夜》《边城》《草原民族与中原文化》以及《哈萨克舞蹈基础》等书目在哈萨克斯坦的翻译出版进行论证与策划，并分别与哈萨克斯坦法兰特、奥尔昆等出版社达成合作协议。[①] 2017 年，习近平主席出访哈萨克斯坦之际，中哈在哈萨克斯坦纳扎尔巴耶夫总统图书馆共同举行了《习近平谈治国理政》哈语版首发仪式。

中国与中亚校际交流是促进双方关系良性发展的重要渠道之一。中国高校与中亚高校间的交流基本始于 2010 年前后，新疆师范大学曾是推进中国与中亚国家高校校际交流最早的单位之一。新疆师范大学文学院与吉尔吉斯斯坦国立民族大学建立了校际交流合作机制，并互派师生进行交流与互访。新疆师范大学政法学院（原法经学院）与哈萨克斯坦阿尔法拉比大学建立良好的院际交流与合作项目。目前，中国兰州交通大学与土库曼斯坦国立交通通信大学签署校际合作协议，西安交通大学、对外经济贸易大学、南昌大学、江苏大学、北华大学、香港大学商业学院、贵州大学与东哈萨克斯坦国立技术大学、阿拉木图管理大学、哈萨克国立医科大学等 9 所大学签署了合作协议，内容包括教师交

[①] 曾晓武."一带一路"视域下翻译出版"走出去"路径探析——基于民族出版 [J]. 民族翻译，2018（2）：70-76.

流、学生交换、科研合作等方面。① 高等院校间的合作是人文合作的先行者与推动者，加强中国与中亚国家校际合作与交流，对增进彼此间的了解具有重要的时代意义。因此，应充分发挥边疆地区高等院校的地缘优势、文化优势、语言优势，全力推进相关高校与中亚地区高等院校进行合作交流，深化双方彼此之间的认识与了解、理解，成为双方历史文化的积极传播者。

---

① 中国—哈萨克斯坦大学校长合作对话在贵州举行［EB/OL］．中新网，2018-07-27.

结　语

共同利益是构成利益共同体的基石。古往今来，在国际关系领域国家利益一直被视为国与国交往的核心因素。我国战国时期有合纵连横，19世纪初欧洲各国联合抗法，第二次世界大战中美苏形成的反法西斯同盟，以及二战后中美由对抗到发展友好合作关系皆为共同利益使然。然而，过去国家间的共同利益由于社会经济联系松散而表现为一种暂时性的社会现象或者暂时的国家间的合作现象，即随着共同利益行为的结束而终结。20世纪70年代以来，随着经济全球化的进一步深入发展，国家间经济贸易往来日益频繁，社会政治经济交往已呈现出"你中有我，我中有你""一荣俱荣，一损俱损"的利益共同体形式。

中国与中亚国家构筑利益共同体无疑是双方各自国家利益使然。然而，只有简单的共同利益并不一定能形成利益共同体，更不一定能构筑责任共同体、命运共同体。中国与中亚国家构筑利益共同体需要两个方面共同发力，一方面需要中国进一步提升自身国家实力，这既要硬实力，也更需要软实力。中国需要不断提升国家经济实力，提供更多类似"一带一路"倡议所延伸出的诸多国际公共产品，造福地区国家与整个国际社会。中国需要不断提升国家军事实力，主要包括武装部队及武器装备数量、质量与战斗力的提升，以及迅速部署的机动能力和军事科研与生产能力和水平。尽管和平与发展依然是当今世界的时代主题，但这个世界并不太平，霸权主义、强权政治依然充斥着整个国际社会，对广大发展中国家的社会稳定与发展造成极大威胁。中国军事实力的提升主要在于遏制霸权、强权，特别是在地区安全方面要发挥重要的作用。与此同时，抓好下一个"一百年"目标的实现，进一步加强国家综合实力的建设。因为只有建立在硬实力的基础上软实力才能成为真正的吸引力。万邦来朝的开元盛世、20世纪的西方和苏联的吸引力很大程度上就是源于物质基础。反之，随着硬实力的逐渐下降与衰退，这种吸引力慢慢淡去。

另一方面，则需要中亚地区国家自身发力。对中亚地区国家而言，当前正处于不知走向何方的十字路口。走向哪里似乎成为中亚国家最艰难的选择，向西看齐，似乎矛盾重重。一是以美国为首的西方国家虽已衰落，但依然主宰着当前的国际政治经济体系，动辄就以各种借口对相关国家进行制裁。二是近些年以美国为首的西方政府先后颠覆了一批对美不友好，或不听其"旨意"的政府。以美国为首的西方社会政治打压、经济制裁、暴力或非暴力颠覆非亲西方政府已经成为其惯用的伎俩，对广大发展中国家形成巨大的压力。三是面临的身份回归问题。中亚地区苏联时期长达70年，这70年也是中亚地区极为辉煌的70年，为中亚地区民族孕育出了一种大国心态。然而，在民族主义挑唆下，苏联时期70年又变为被"奴役"的70年。今天，中亚地区绝大多数民众依然熟练地掌握着俄语，俄罗斯也成为中亚各国民众外出务工的一个重要区域。因此，是否加强与俄罗斯的全方位合作，重振过去的辉煌将成为中亚未来发展的一个"魔障"。中亚国家独立之初，回归伊斯兰、突厥社会成为中亚国家最主要的选项。然而，无论是回归伊斯兰，还是突厥，给中亚社会带来的并非利好。近几年突厥语国家一体化又有所发展，甚至成立了突厥国家组织。由此来看，地处欧亚之间的中亚地区当前不仅面临着政治体制和民族身份的双重建构困难，也面临着众多国际组织与国际机制的选择困难，即游走于众多组织与机制之中探寻发展机遇和空间。

当前，中亚地区机制重叠现象就已充分说明国际社会对中亚地区的重视程度。中亚地区国家游走于大国、国际组织、国际机制之间，这对中亚地区国家而言既是一种机遇，也是一种挑战。这种机遇与挑战或许也正是中国与中亚国家构筑利益共同体、责任共同体、命运共同体面临的最主要问题，即妨碍了中国与中亚国家利益共同体、责任共同体、命运共同体观念的形成。因为只有观念相互吻合，大家才能在互动中实现集体行为的一致。中国与中亚国家具有不同的文化背景，而不同的文化具有各自的主题和逻辑，这种主题和逻辑在双方政治制度和社会价值观层面的差异将会对合作造成干扰。利益共同体建立的基础是观念的相互认可，中国的合作共赢理念获得真正的认同，需要中国不断提高综合国力与中亚各国不断保持友好的对外政策与民众的大国心态。与此同时，中国要继续秉持人类命运共同体理念，把不同社会制度、不同意识形态、不同历史文明、不同发展水平的国家凝合在一起，一起发展、一起攻坚克难，彻底摒弃冷战思维、霸权主义、零和博弈，构建各国人民共同的奋斗目标和理想生活。

参考文献

一、中文文献

（一）专著

［1］习近平．习近平谈治国理政：第一卷［M］．北京：外文出版社，2014．

［2］习近平．习近平谈治国理政：第二卷［M］．北京：外文出版社，2017．

［3］习近平．习近平谈治国理政：第三卷［M］．北京：外文出版社，2020．

［4］习近平．习近平谈治国理政：第四卷［M］．北京：外文出版社，2022．

［5］习近平．决胜全面建成小康社会 夺取新时代中国特色社会主义伟大胜利——在中国共产党第十九次全国代表大会上的报告［M］．北京：人民出版社，2017．

［6］马克思恩格斯全集：第1卷［M］．北京：人民出版社，1995．

［7］马克思恩格斯文集：第2卷［M］．北京：人民出版社，2009．

［8］毛泽东选集：第1卷［M］．北京：人民出版社，1991．

［9］毛泽东选集：第2卷［M］．北京：人民出版社，1991．

［10］毛泽东选集：第3卷［M］．北京：人民出版社，1991．

［11］毛泽东选集：第4卷［M］．北京：人民出版社，1991．

［12］邓小平文选：第1卷［M］．北京：人民出版社，1994．

［13］邓小平文选：第 2 卷［M］. 北京：人民出版社，1994.

［14］邓小平文选：第 3 卷［M］. 北京：人民出版社，1994.

［15］中国社会科学院语言研究所词典编辑室. 现代汉语词典［Z］. 北京：商务印书馆，1997.

［16］摩根索. 政治学的困境［M］. 北京：中国人民公安大学出版社，1990.

［17］戴旭 . C 形包围——内忧外患下的中国突围［M］. 上海：文汇出版社，2009.

［18］潘志平. 中亚的民族关系：历史、现状与前景［M］. 乌鲁木齐：新疆人民出版社，2003.

［19］潘志平 .2003 走出阴霾［M］. 乌鲁木齐：新疆人民出版社，2004.

［20］苏力. 大国宪制——历史中国的制度构成［M］. 北京：北京大学出版社，2018.

［21］麦金德. 历史的地理枢纽［M］. 北京：商务印书馆，2010.

［22］吐尔逊. 中亚跨国犯罪问题研究［M］. 北京：中央民族大学出版社，2013.

［23］余建华，等. 上海合作组织非传统安全研究［M］. 上海：上海社会科学院出版社，2009.

［24］托卡耶夫. 中亚之鹰的外交战略［M］. 北京：新华出版社，2002.

（二）期刊

［1］许涛. 丝绸之路经济带视角下的中亚地区文化环境研究［J］. 俄罗斯东欧中亚研究，2019（3）.

［2］冯玉军. 中国与中亚国家关系：现状与趋势［J］. 当代世界与社会主义，2019（6）.

［3］吴宏伟. "一带一路"视域下中国与中亚国家的经贸合作［J］. 新疆师范大学学报（哲学社会科学版），2018（3）.

[4] 苏畅. 论中亚安全威胁因素的集聚效应 [J]. 俄罗斯东欧中亚研究, 2018 (1).

[5] 于双, 于文韬. 极端恐怖组织 "伊斯兰国" 对中亚的渗透剂影响 [J]. 和平与发展, 2016 (2).

[6] 许涛. 当前中亚地区安全面临的新挑战——关于中国与中亚国家发展安全合作的思考 [J]. 和平与发展, 2014 (2).

[7] 杨倩. 当前中亚地区宗教极端势力活动的主要特点、趋势及影响 [J]. 和平与展望, 2011 (5).

[8] 赵龙庚. 中亚 "三股势力" 再度活跃与我们的战略应对 [J]. 和平与发展, 2004 (4).

[9] 杨恕, 林永锋. 中亚伊斯兰极端主义 [J]. 俄罗斯中亚东欧研究, 2008 (5).

[10] 陈明山. 伊斯兰极端势力在中亚的活动情况 [J]. 国际资料信息, 2001 (12).

[11] 陈福来, 高燕, 陈相, 等. 哈萨克斯坦原油出口管道发展现状与趋势 [J]. 国际石油经济, 2014 (12).

[12] 孟庆璐. 从梦想走进现实——土库曼斯坦能源多元化战略解读 [J]. 中亚信息, 2010 (11).

[13] 王健. 哈萨克斯坦矿产资源与开发现状 [J]. 现代矿业, 2013 (10).

[14] 新疆金融学会秘书处课题组, 郭新明, 李寿龙. 中国 (新疆) 与中亚国家经济互补性的领域项目及金融配套支持研究 [J]. 新疆金融, 2008 (S1).

[15] 马骥, 李四聪. 中国与中亚五国贸易互补性与竞争性分析——以 "丝绸之路经济带" 为背景 [J]. 新疆财经大学学报, 2016 (1).

[16] 李大伟. 我国和中亚五国经贸合作现状、问题与对策 [J]. 宏观经济管理, 2014 (1).

[17] 赵青松. 中国与土库曼斯坦经贸合作的历史、现状与前景展望 [J].

新疆财经, 2013 (6).

[18] 张方慧."一带一路"背景下中国与中亚国家经贸合作:现状、机制与前景 [J]. 现代管理科学, 2018 (10).

[19] 李进峰. 中国与中亚国家"一带一路"产能合作现状及进展 [J]. 欧亚经济, 2019 (6).

[20] 全浙玉. 我国与中亚五国经贸金融合作现状、障碍及对策 [J]. 对外经贸实务, 2016 (11).

[21] 于冰洁, 陈吉军, 季荣. 新疆蝗虫及其监控技术研究进展 [J]. 应用昆虫学报, 2019 (5).

[22] 李久进. 中亚干旱区研究与国际合作前景 [J]. 干旱区研究, 1994 (2).

[23] 吴楚克. 苏联中亚加盟共和国走向独立的原因及影响 [J]. 中国人民大学学报, 2001 (6).

[24] 闫铁, 屈俊波, 孙晓峰, 等. 控压钻井回压压力波在井筒中传播的速度和时间规律 [J]. 天然气工业, 2017 (11).

[25] 张宁. 欧亚经济共同体在海关、能源和交通领域的合作现状 [J]. 俄罗斯中亚东欧市场, 2007 (1).

[26] 王明昌. 土耳其与中亚国家关系的现状及前景 [J]. 国际研究参考, 2018 (05).

[27] 张玉艳. 泛突厥主义在土耳其的由来与发展 [J]. 国际政治研究, 2019 (5).

[28] 王艳.《突厥通史》与"突厥语国家一体化"畅想 [J]. 世界知识, 2017 (23).

[29] 阿迪力·买买提. 新疆暴力恐怖活动的思想基础和应对策略 [J]. 中央社会主义学院学报, 2016 (2).

[30] 常玢. 苏联解体前后的中亚国家伊斯兰教状况 [J]. 东欧中亚研究,

2001（5）.

［31］张维维. 中国与塔吉克斯坦共建丝绸之路经济带研究［J］. 开发研究，2018（1）.

［32］陈楠枰. 快速扫描"一带一路"倡议6年交通基建重大进展［J］. 交通建设与管理，2019（2）.

［33］岳西宽. "一带一路"硕果累累［J］. 唯实，2017（5）.

［34］舒建中. 亚洲基础设施投资银行与国际金融秩序［J］. 国际关系研究，2015（4）.

［35］曾晓武. "一带一路"视域下翻译出版"走出去"路径探析——基于民族出版［J］. 民族翻译，2018（2）.

［36］杨小平. 中亚干旱区的荒漠化与土地利用［J］. 第四纪研究，1998（2）.

（三）学位论文

［1］乌小花. 当代世界民族宗教问题与世界和平［D］. 北京：中央民族大学，2004.

［2］赵晓佳. 中国与中亚的友好交流研究［D］. 北京：中央民族大学，2011.

（四）报纸文章

［1］习近平. 同舟共济克时艰，命运与共创未来［N］. 人民日报，2021-04-21（02）.

［2］习近平. 团结合作战胜疫情 共同构建人类卫生健康共同体——在第73届世界卫生大会视频会议开幕式上的致辞［N］. 人民日报，2020-05-19（02）.

［3］习近平. 登高望远，牢牢把握世界经济正确方向［N］. 人民日报，2018-12-01（03）.

［4］习近平. 习近平在英国议会发表讲话［N］. 人民日报，2015-10-21

（01）．

[5] 习近平．在金砖国家领导人第七次会晤上的讲话：共建伙伴关系 共创美好未来 [N]．人民日报，2015-07-10（03）．

[6] 习近平．习近平主席在比利时《晚报》发表题为《中欧友谊和合作：让生活越来越好》的署名文章 [N]．人民日报，2014-03-30（02）．

[7] 习近平．共创中韩合作未来 同襄亚洲振兴繁荣——在韩国国立首尔大学的演讲 [N]．人民日报，2014-07-05（02）．

[8] 习近平开始对哈萨克斯坦进行国事访问 [N]．人民日报，2013-09-07（01）．

[9] 习近平分别会见哈萨克斯坦总统、土库曼斯坦总统、吉尔吉斯斯坦总统和巴基斯坦总理国家安全和外事顾问 [N]．人民日报，2014-09-13（01）．

[10] 习近平抵达阿什哈巴德 [N]．人民日报，2013-09-04（01）．

[11] 习近平同土库曼斯坦总统别尔德穆哈梅多夫会谈 两国元首宣布建立中土战略伙伴关系 [N]．人民日报，2013-09-04（01）．

[12] 习近平：中土是彼此信赖和相互支持的战略伙伴 [N]．人民日报，2014-05-13（01）．

[13] 习近平同土库曼斯坦总统别尔德穆哈梅多夫通电话 [N]．人民日报，2021-05-07（01）．

[14] 中华人民共和国和土库曼斯坦关于发展和深化战略伙伴关系的联合宣言 [N]．人民日报，2014-05-13（03）．

[15] 习近平会见土库曼斯坦总统别尔德穆哈梅多夫 [N]．人民日报，2017-06-10（02）．

[16] 习近平分别会见乌兹别克斯坦总统、阿富汗总统和巴基斯坦总理 [N]．人民日报，2015-07-11（01）．

[17] 习近平．携手共创丝绸之路新辉煌——在乌兹别克斯坦最高会议立法院的演讲 [N]．人民日报，2016-06-23（02）．

[18] 中华人民共和国和塔吉克斯坦共和国关于进一步深化全面战略伙伴关系的联合声明 [N]. 人民日报, 2019-06-17 (02).

[19] 习近平和拉赫蒙总统共同出席中塔电力和中国—中亚天然气管道合作项目开工仪式 [N]. 人民日报, 2014-09-14 (01).

[20] 习近平会见吉尔吉斯斯坦前总统阿坦巴耶夫 [N]. 人民日报, 2018-04-12 (02).

[21] 习近平. 不忘初心 砥砺前行 开启上海合作组织发展新征程——在上海合作组织成员国元首理事会第二十一次会议上的讲话 [N]. 人民日报, 2021-09-18 (02).

[22] 习近平. 迈向命运共同体 开创亚洲新未来——在博鳌亚洲论坛 2015 年年会上的主旨演讲 [N]. 人民日报, 2015-03-29 (02).

[23] 国家主席习近平在杜尚别会见吉尔吉斯斯坦总统阿坦巴耶夫 [N]. 人民日报, 2014-09-13 (01).

[24] 习近平出席上海合作组织和集体安全条约组织成员国领导人阿富汗问题联合峰会 [N]. 人民日报, 2021-09-18 (01).

[25] 习近平. 强调凝心聚力 精诚协作 推动上海合作组织再上新台阶——习近平出席上海合作组织杜尚别峰会并发表重要讲话 [N]. 人民日报, 2014-09-13 (01).

[26] 张霄. 大使随笔：中哈脚踏实地共建一带一路 [N]. 人民日报, 2018-11-21 (21).

（五）网络新闻

[1] 习近平. 习近平在"一带一路"国际合作高峰论坛开幕式上的演讲：携手推进"一带一路"建设 [EB/OL]. 人民网, 2014-03-27.

[2] 习近平. 习近平在中法建交 50 周年纪念大会上的讲话（全文）[EB/OL]. 中国网, 2014-03-27.

[3] 习近平. 习近平会见德国总统高克 [EB/OL]. 人民网, 2014-03-29.

[4] 习近平主席在联合国日内瓦总部发表题为《共同构建人类命运共同体》的主旨演讲（全文）[EB/OL]. 中国网，2017-01-19.

[5] 习近平会见土库曼斯坦总统别尔德穆哈梅多夫 [EB/OL]. 人民网，2022-02-05.

[6] 习近平出席上合组织峰会：传承丝路精神 共创美好明天 [EB/OL]. 新华网，2013-09-14.

[7] 习近平在上海合作组织成员国元首理事会第十八次会议上的讲话 [EB/OL]. 新华社，2018-06-10.

[8] 习近平对哈萨克斯坦共和国进行国事访问 [EB/OL]. 人民网，2022-09-14.

[9] 习近平同土库曼斯坦总统别尔德穆哈梅多夫举行会谈 [EB/OL]. 中国政府网，2013-09-04.

[10] 习近平同乌兹别克斯坦总统米尔济约耶夫会谈 [EB/OL]. 中国西藏网，2022-09-15.

[11] 习近平致电祝贺拉赫蒙当选塔吉克斯坦总统 [EB/OL]. 新华社，2010-10-12.

[12] 习近平同吉尔吉斯斯坦总统阿坦巴耶夫举行会谈宣布中吉关系提升为战略伙伴关系 [EB/OL]. 人民网，2014-09-13（01）.

[13] 习近平同吉尔吉斯斯坦总统热恩别科夫会谈 [EB/OL]. 人民网，2019-06-14.

[14] 习近平主持中国同中亚五国建交30周年视频峰会 强调携手构建更加紧密的中国—中亚命运共同体 [EB/OL]. 中国网，2022-01-25.

[15] 习近平会见乌兹别克斯坦总统米尔济约耶夫 [EB/OL]. 人民网，2018-06-10.

[16] 习近平同俄罗斯总统普京举行视频会晤 [EB/OL]. 新华网，2021-

12-15.

[17] 习近平会见乌兹别克斯坦总统卡里莫夫［EB/OL］. 人民网，2015-09-03.

[18] 习近平在亚洲基础设施投资银行第五届理事会年会视频会议开幕式上的致辞（全文）［EB/OL］. 新华网，2020-07-28.

[19] 李克强同哈萨克斯坦总量马西莫夫举行会谈：决定全面开展产能合作并推动取得重要成果［EB/OL］. 中国政府网，2015-03-27.

[20] 吉尔吉斯斯坦总统称：加快实施中吉乌铁路对吉十分重要［EB/OL］. 商务部网，2018-06-02.

[21] 2019年中国为哈萨克斯坦第二大贸易伙伴［EB/OL］. 中国商务部网站，2020-02-18.

[22] "上海合作组织"成立宣言（2001年第25号国务院公报）［EB/OL］. 中国政府网，2001-06-15.

[23] 商务部欧亚司负责人解读上海合作组织成员国政府首脑（总理）理事会第十九次会议经贸成果［EB/OL］. 中国政府网，2020-12-01.

[24] 中共十八届五中全会在京举行［EB/OL］. 人民网，2015-10-30.

[25] 国务院. 打击恐怖主义、分裂主义和极端主义上海公约［EB/OL］. CCTV，2006-05-29.

[26] 郑必坚. 中国和平发展道路与构建利益共同体［EB/OL］. 国家创新与发展战略研究会，2013-03-23.

[27] 徐惠喜. 锻造金砖国家命运共同体［EB/OL］. 中国经济网，2013-11-01.

[28] 新疆的反恐、去极端化斗争与人权保障［EB/OL］. 人民网，2019-03-18.

[29] 杨鹏飞. 美俄在中亚的战略利益与地缘政治角逐［EB/OL］. 中国社

会科学网，2018-03-22.

　　[30] 安全形势恶化？阿富汗斋月期间为何爆炸频发 [EB/OL]. 上观，2022-04-25.

　　[31] "东突"分子潜入叙利亚参战 [EB/OL]. 人民网，2012-10-30.

　　[32] 上海合作组织成员国元首理事会比什凯克宣言 [EB/OL]. 新华网，2019-06-15.

　　[33] 阿联酋发布恐怖组织黑名单与"东伊运"关系密切的乌伊运在列 [EB/OL]. 观察者网，2014-11-18.

　　[34] 中国能源安全面临三大挑战 [EB/OL]. 中国石油新闻中心，2019-10-28.

　　[35] 2019 年国内外油气行业发展报告 [EB/OL]. 石油商报，2020-03-13.

　　[36] 细数中国四大跨国进口石油管道：中哈中缅中俄中俄二线原油管道 [EB/OL]. 油气储运网，2017-05-05.

　　[37] 哈萨克斯坦跻身全球十大石油出口国之列 [EB/OL]. 商务部网站，2020-06-23.

　　[38] 特朗普希望土库曼斯坦实施跨里海天然气管道项目 [EB/OL]. 中国石油新闻中心，2019-04-01.

　　[39] 2018 年"一带一路"中国对中亚地区贸易数据分析：出口商品以鞋靴为主 [EB/OL]. 中商情报网，2018-05-18.

　　[40] 2020 年我国对上合组织成员国进出口下降 5.1% [EB/OL]. 中华人民共和国海关总署网，2020-12-31.

　　[41] 中华人民共和国和土库曼斯坦关于建立战略伙伴关系的联合宣言（全文）[EB/OL]. 中国政府网，2013-09-04.

　　[42] "宝石布满大地，不动手就到不了怀里" [EB/OL]. 人民网，2019-

04-30.

[43] 中华人民共和国和哈萨克斯坦共和国关于全面战略伙伴关系新阶段的联合宣言 [EB/OL]. 中国政府网，2015-09-01.

[44] 中华人民共和国和哈萨克斯坦共和国联合声明 [EB/OL]. 中国政府网，2019-09-12.

[45] 中华人民共和国和哈萨克斯坦共和国、吉尔吉斯共和国、俄罗斯联邦、塔吉克斯坦共和国关于在边境地区加强军事领域信任的协定 [EB/OL]. 110 法律咨询网，1996-04-26.

[46] 上海合作组织成员国长期睦邻友好合作条约 [EB/OL]. 中国人大网，2008-12-24.

[47] 中俄哈吉塔五国边境已无攻击性武器　互威慑态势不复存在 [EB/OL]. 人民网，2017-04-24.

[48] 上海合作组织成员国元首理事会第六次会议联合公报（2006 年第 21 号国务院公报）[EB/OL]. 中国政府网，2006-06-15.

[49] 上海合作组织反恐怖主义公约（中文本）[EB/OL]. 中国人大网，2015-02-27.

[50] 中华人民共和国外交部. 中华人民共和国、哈萨克斯坦共和国、吉尔吉斯共和国、俄罗斯联邦和塔吉克斯坦共和国阿拉木图联合声明 [EB/OL]. 外交部网站，2001-05-31.

[51] 上海合作组织青岛峰会举行 习近平主持会议并发表重要讲话 [EB/OL]. 人民网，2018-06-10.

[52] 建国育苗. 新疆荒漠化治理方案用到了咸海 [EB/OL]. 天山网，2020-12-01.

[53] 中央媒体聚焦中亚生态与环境科技合作 [EB/OL]. 新疆生态与地理研究所，2019-06-18.

［54］2018 年上海合作组织成员国元首理事会青岛宣言［EB/OL］. SCO，2018-06-10.

［55］上海合作组织秘书处.2020 上海合作组织成员国元首理事会莫斯科宣言［EB/OL］. 上海合作组织秘书处网，2020-06-15.

［56］上海合作组织秘书处.2021 年上海合作组织成员国元首理事会杜尚别宣言［EB/OL］. 上海合作组织秘书处网，2021-06-15.

［57］中哈原油管道累计向中国输送原油超 1.5 亿吨［EB/OL］. 央广网，2022-04-07.

［58］中哈原油管道输油量突破一亿吨［EB/OL］. 人民网，2017-04-03.

［59］中亚天然气管道 C 线开始向国内通气［EB/OL］. 人民网，2014-06-16.

［60］今年上半年中亚天然气管道向中国输气量达 1635 万吨［EB/OL］. 中新网，2018-07-17.

［61］中哈能源合作：互利共赢的典范［EB/OL］. 国家能源局，2017-05-09.

［62］中哈能源合作 20 年，那些你不知道的事［EB/OL］. 新浪网，2017-05-08.

［63］油气合作架起中哈共赢金桥：中国石油在哈油气合作 20 年纪实［EB/OL］. 中国矿业网，2017-06-05.

［64］哈萨克斯坦首任总统纳扎尔巴耶夫：哈中通过"一带一路"合作实现互利共赢［EB/OL］. 人民网，2019-04-27.

［65］主宾国乌兹别克斯坦驻沪总领事谈乌中合作，高度互信是特点［EB/OL］. 国际金融报，2019-11-06.

［66］乌兹别克斯坦卡姆奇克隧道：群山变通途［EB/OL］. 央视网（cctv.com），2018-06-09.

[67] 中国三年内将向塔吉克斯坦投资60亿美元 [EB/OL]. 中华人民共和国商务部网, 2014-09-16.

[68] 杨进：警惕美西方在中亚扶植NGO反华 [EB/OL]. 环球网, 2020-02-25.

[69] 要尽快归还中国贷款？塔政客叫嚣"远离中国"，中国表示很不理解 [EB/OL]. 网易订阅, 2022-01-10.

[70] 欧亚经济委员会执委会主席就《欧亚经济联盟条约》签署六周年发表宣言 [EB/OL]. 商务部网, 2020-06-05.

[71] 叶海林：美国"新丝绸之路计划"失败的启示 [EB/OL]. 参考消息, 2017-05-08.

[72] 关于中美关系，拜登作出最新表态 [EB/OL]. 百度百家号, 2021-02-08.

[73] 昝涛. 模糊的突厥历史和抽象的泛突厥理论 [EB/OL]. 观察者, 2014-03-04.

[74] 哈萨克斯坦国际通讯社. 突厥语国家合作委员会驻布达佩斯办事处成立 [EB/OL]. 哈萨克斯坦国际通讯社, 2019-09-20.

[75] 哈萨克斯坦国际通讯社. 支持和欢迎乌兹别克斯坦加入突厥议会 [EB/OL]. 哈萨克斯坦国际通讯社, 2019-09-16.

[76] 但杨、潘志平：要高度警惕泛突厥主义的再泛起 [EB/OL]. 反恐主义信息网, 2020-03-06.

[77] 王军访问哈萨克斯坦国家收入委员会 [EB/OL]. 国家税务总局办公厅, 2017-09-26.

[78] 中国—哈萨克斯坦霍尔果斯国际边境合作中心部级协调机制第一次会议召开 [EB/OL]. 中国一带一路网, 2019-09-05.

[79] 推进"一带一路"建设工作领导小组办公室印发《中欧班列建设发

展规划(2016—2020)》[EB/OL].中国一带一路网,2016-10-24.

[80]国家发展改革委:2021年中欧班列开行再创佳绩 成为畅通亚欧供应链的一条大通道[EB/OL].中国一带一路网,2022-02-18.

[81]受权发布:《共建"一带一路"倡议:进展、贡献与展望》(八语种)[EB/OL].中国一带一路网,2019-04-22.

[82]中国驻土库曼斯坦大使:土"复兴古丝绸之路"契合"一带一路"中土正商签合作文件[EB/OL].中国一带一路网,2017-07-20.

[83]共建"一带一路"倡议:进展、贡献与展望[EB/OL].新华网,2019-04-22.

[84]中哈签署《关于落实"丝绸之路经济带"建设与"光明之路"新经济政策对接合作规划的谅解备忘录》[EB/OL].中国一带一路网,2019-09-12.

[85]曾向红."通"中之重——"丝绸之路经济带"建设在中亚[EB/OL].人民网,2019-02-26.

[86]俄总理:欧亚经济联盟与"一带一路"倡议对接至关重要[EB/OL].中国经济网,2020-02-01.

[87]《中国与欧亚经济联盟经贸合作协定》正式生效[EB/OL].中国法院网,2019-10-26

[88]诺奖得主:亚投行是全球经济治理一大进步[EB/OL].人民网,2015-05-08.

[89]"中国+中亚五国"外长关于共同应对新冠肺炎疫情的联合声明(全文)[EB/OL].中国政府网,2021-05-12.

[90]"中国文化日"在哈萨克斯坦拉开帷幕[EB/OL].中国驻哈萨克斯坦大使馆网站,2014-09-27.

[91]土库曼斯坦装饰、实用艺术及博物馆珍品展来到中国[EB/OL].艺术中国,2018-06-24.

［92］中国—哈萨克斯坦大学校长合作对话在贵州举行［EB/OL］. 中新网，2018-07-27.

二、英文文献

（一）专著

［1］DORE R. Unity and Diversity in World Culture［M］//BULL H，WATSON A，eds. The Expansion of International Society. Oxford：Oxford University Press，1984.

［2］MACKINDER J. Democratic ideals and Reality［M］. New York：Henry Holtand Company，1942.

（二）电子资源

［1］Tajikistan ratifies demarcation agreement with China in settlement of long-running dispute［EB/OL］. Boundary news，2011-03-19.

［2］Central Asia's Lukewarm Pivot tu China［EB/OL］. Shawn Snow，2016-08-08.